Dieses Buch gehört:

_____

_____

_____

_____

©   2015 ZS Verlag GmbH
Türkenstraße 9
D-80333 München

ISBN 978-3-89883-503-9
1. Auflage 2015

Projektleitung	Ines Alms
Rezepte & Texte	Michaela Baur
Lektorat	Katja Rötzer
Grafische Gestaltung	TextArt, München
Fotografie	Julia Hoersch
Foodstyling	Petra Speckmann
Styling	Maria Grossmann
Herstellung	Peter Karg-Cordes
Producing	Jan Russok
Druck & Bindung	L.E.G.O., Vicenza

Die ZS Verlag GmbH ist ein Unternehmen der Edel AG, Hamburg
www.zsverlag.de | www.facebook.com/zsverlag

HEISSGELIEBTE SUPPEN

100 x Löffelglück
mit alten und neuen Gemüsesorten

Liebe Suppenfreunde,

schon früh habe ich meine Leidenschaft als Gastgeberin entdeckt und jede Gelegenheit genutzt, um Freunde einzuladen und sie mit besonderen Speisen zu verwöhnen. Ich hatte stets neue Ideen, eines durfte jedoch nie fehlen – und das war eine Suppe.

Ob Sommer oder Winter, Suppen passen zu jeder Jahreszeit, und aus nahezu jedem Gemüse lässt sich eine Suppe zaubern. Wenn Sie also ein neues Gemüse entdecken, dann machen Sie erst einmal eine Suppe daraus; klein geschnitten oder püriert, das funktioniert immer, geht schnell und unkompliziert, ist sättigend, nährend und begeistert Kinder und Erwachsene gleichermaßen.

Nachdem ich mich entschieden hatte, Gastgeberin zu meinem Beruf zu machen, hatte ich viele Gelegenheiten, weiter zu experimentieren. Und die Teilnehmer eines Teamkochens empfange ich gewöhnlich mit einer Suppe. Auch bei anderen Gelegenheiten darf sie nicht fehlen – ob als Fingerfood in der Tasse, als sättigende Suppe zum Lunch oder deftig zu später Stunde.

So kam im Laufe der Jahre eine bunte Suppenvielfalt zusammen, die ich in diesem Buch gesammelt habe. Neben vielen Lieblingsrezepten finden Sie auch (abgewandelte) Klassiker, die in keinem Suppenbuch fehlen dürfen.

Ich hoffe, dass Sie Ihre Familie, Freunde und sich selbst genauso gerne damit verwöhnen, wie ich es tue.

Michaela Baur

Inhalt

SUPPEN-EINMALEINS

Suppen sind einfach und schnell gemacht,
die Basis dafür sind Brühen und Gemüse.
Wie sie gelingen und welche weniger bekannten
Gemüsesorten auch in Suppen eine gute
Figur machen, erfahren Sie auf den
folgenden Seiten.

BASIS-SUPPENBRÜHEN

Eine gute Brühe ist die Grundlage jeder Suppe. Selbst gemacht braucht sie etwas Zeit, aber die Mühe lohnt sich. Zudem lassen sich nahezu sämtliche gesäuberten Gemüseabschnitte verwenden – nichts wird verschwendet. Am besten gleich eine größere Menge zubereiten und einfrieren, dann ist stets frische Brühe im Haus.

BASISBRÜHE (GEMÜSE UND GEWÜRZE, FÜR CA. 1½ L)

2 Zwiebeln mit der Schale halbieren. **1 Möhre** und **1 Petersilienwurzel** putzen. **1 kleine Stange** oder **½ Stange Lauch** putzen, längs aufschneiden und waschen. **100 g Knollensellerie** putzen und schälen. **½ Bund Petersilie** waschen.

Das vorbereitete Gemüse grob zerkleinern. Mit der Petersilie, **6 schwarzen Pfefferkörnern, 2 Lorbeerblättern, 2 Pimentkörnern, nach Belieben 1 TL Senfkörnern** und **2 TL Salz** in einen großen Topf geben.

RINDERBRÜHE (FÜR CA. 1½ L)

Basisbrühe (siehe oben) und **1 Beinscheibe** (ersatzweise 600 g Suppenfleisch)

Gemüse und Gewürze vorbereiten wie bei der Basisbrühe beschrieben. Die Beinscheibe waschen und zum Gemüse geben. 2½ l kaltes Wasser angießen, aufkochen und die Brühe offen bei schwacher Hitze mindestens 1½ Stunden ziehen lassen. Das Fleisch herausnehmen. Die Brühe durch ein feines Sieb in einen anderen Topf gießen und bei mittlerer Hitze nochmals etwas einkochen.

Das Fleisch von der Beinscheibe lässt sich klein geschnitten als Suppeneinlage verwenden oder mit etwas Salz und Meerrettich genießen.

TIPPS

Natürlich kann man die Basisbrühe je nach Vorrat, Jahreszeit oder Vorlieben durch weiteres Gemüse (oder Gemüsereste) und Gewürze ergänzen. Gut passen zum Beispiel Staudensellerie, Fenchel, Tomate, Wacholderbeeren, Thymian, Knoblauch etc.

Damit eine Brühe besonders aromatisch wird, das Gemüse klein schneiden. Dadurch vergrößert sich die Oberfläche, und das Gemüse kann mehr Aroma an das Wasser abgeben.

Wenn man die Zutaten für die Brühe in kaltes Wasser gibt, kann das Wasser den Geschmack besonders gut aufnehmen.

Wer einen Dampfdrucktopf hat, kann die Kochzeit halbieren, sollte aber die Brühe anschließend noch etwas einkochen lassen.

Eine geklärte Brühe wird Consommé genannt. Eine eingekochte Brühe wird als Fond bezeichnet.

HÜHNERBRÜHE (FÜR CA. 1½ L)

Basisbrühe (siehe links) und **1 Suppenhuhn (ca. 1½ kg)**

Gemüse und Gewürze vorbereiten, wie bei der Basisbrühe beschrieben. Das Huhn gründlich von innen und außen waschen und den Bürzel (Fettdrüse am Schwanz) abschneiden. Das Huhn zu den anderen Zutaten in den Topf geben und so viel kaltes Wasser dazugeben, dass es bedeckt ist. Alles aufkochen und die Brühe offen bei schwacher Hitze mindestens 1½ Stunden ziehen lassen. Während des Kochens Schaum (geronnenes Eiweiß) auf der Oberfläche immer wieder mit der Schaumkelle abschöpfen. Das Huhn herausnehmen und etwas abkühlen lassen. Das Fleisch von Haut und Knochen lösen und als Suppeneinlage oder anderweitig verwenden. Die Brühe durch ein feines Sieb in einen anderen Topf gießen und bei mittlerer Hitze evtl. noch etwas einkochen lassen.

GEMÜSEBRÜHE (FÜR CA. 1½ L)

Basisbrühe (siehe links), **5 Champignons** und **1 Stiel Liebstöckel** (oder 1 TL getr. Liebstöckel)

Gemüse und Gewürze vorbereiten, wie bei der Basisbrühe beschrieben. Die Champignons putzen und zerkleinern. Den Liebstöckel waschen. Pilze und Liebstöckel zu den anderen Zutaten in den Topf geben und 2½ l kaltes Wasser angießen. Die Brühe offen bei schwacher Hitze mindestens 1½ Stunden ziehen lassen. Am Ende der Garzeit durch ein feines Sieb in einen anderen Topf gießen und evtl. nochmals etwas einkochen lassen.

FISCHBRÜHE (FÜR CA. 1½ L)

Basisbrühe (s. links), **½ Fenchelknolle, 2 Stiele Estragon, 1 TL Fenchelsamen, 1½ kg Fischkarkassen (Gerippe)** von hellen fettarmen Fischen wie Steinbutt, Seezunge, Rotzunge, Hecht, Barsch, Zander, Scholle, Seeteufel, Kabeljau, Petersfisch und/oder Schalen von Meeresfrüchten.

Gemüse und Gewürze vorbereiten, wie bei der Basisbrühe beschrieben. Fenchel putzen, waschen und zerkleinern. Estragon waschen. Beides mit dem Fenchelsamen zu den übrigen Zutaten in den Topf geben. Die Karkassen mit einer Schere in grobe Stücke schneiden. Unter fließendem Wasser spülen, bis das Wasser glasklar bleibt, und in den Topf geben. 2 l kaltes Wasser angießen und bei schwacher Hitze 40 Minuten ziehen lassen. Zwischendurch den Schaum abschöpfen, wie bei der Hühnerbrühe beschrieben. Die Brühe durch ein feines Sieb oder ein mit einem Mulltuch ausgelegtes Sieb abgießen und nochmals etwas einkochen lassen.

ALTERNATIVE: FERTIGPRODUKTE

Wenn es schnell gehen soll, auf fertige Brühen im Glas zurückgreifen. Weniger empfehlenswert sind Instantbrühen, gekörnte Brühe oder Brühwürfel, sie enthalten häufig sehr viel Salz und Fett oder sogar Geschmacksverstärker. Ein kritischer Blick auf die Zutatenliste des Produkts lohnt sich!

9

10

12

11

13

14

15

ALTE GEMÜSESORTEN NEU ENTDECKT

Eine Suppe ohne Gemüse ist kaum vorzustellen, und nie war die Vielfalt an Geschmacksrichtungen und Farben so reich wie heute. Da lohnt es sich, auch mal zu einer unbekannten Sorte zu greifen und zu experimentieren: püriert als Cremesuppe oder nur klein geschnitten in Brühe als klare Suppe. Hier in Kürze die wichtigsten alten und neuen Gemüse aus diesem Buch.

Kopfsalat/Buttersalat (1)
Seiner weichen, saftigen Blattstruktur verdankt er seinen Beinamen Buttersalat. Wegen seines milden Geschmacks umgibt er sich gerne mit Zwiebeln, auch in der Suppe.

Süßkartoffel (2)
Botanisch ist sie nicht mit der Kartoffel verwandt und wird hauptsächlich in warmen Regionen, vor allem in China, angebaut. Ihr leicht süßlicher Geschmack erinnert an Karotte oder Kürbis.

Maniok (3)
Die sehr stärkehaltige Wurzelknolle ist in vielen Regionen der Erde ein Grundnahrungsmittel. Im rohen Zustand sind die Wurzelknollen giftig, deshalb wird Maniok nur gegart verzehrt. Wer ihn nicht bekommt, ersetzt ihn einfach durch mehligkochende Kartoffeln.

Steckrübe (4)
Fast wäre sie in Vergessenheit geraten, doch gerade erlebt die Steckrübe eine Renaissance. Mit ihrem milden Eigengeschmack ist sie vielseitig einsetzbar und lässt sich bestens mit anderen Wintergemüsen und Gewürzen kombinieren.

Ochsenherztomate (5)
Eine Fleischtomatensorte, die ein Gewicht von bis zu 500 g erreicht und sehr saft- und säurearm ist. Man kann sie auch verwenden, wenn ihre Schale noch grün ist, denn im Gegensatz zu den meisten anderen Tomatensorten reift die Ochsenherztomate von innen nach außen.

Haferwurzel (6)
Die Haferwurzel war früher sehr beliebt. Da sie der Schwarzwurzel im Geschmack ähnelt, wurde sie von dieser mehr und mehr verdrängt. Wie die Schwarzwurzel enthält auch die Haferwurzel Milchsaft, der sich an der Luft braun verfärbt. Allerdings muss die Haferwurzel nicht unbedingt geschält werden, kräftiges Bürsten mit einer Gemüsebürste reicht aus.

Pak Choi (7)
Wie sein Name schon erahnen lässt, kommt diese milde Kohlart ursprünglich aus Asien und bedeutet „weißes Gemüse", sie wird aber längst auch hierzulande angebaut. Pak Choi sieht Mangold nicht nur zum Verwechseln ähnlich, er wird auch genauso zubereitet.

Topinambur (8)
Optisch erinnert die oft verzweigte Knolle an Ingwer. Aufgrund dieser Verzweigungen ist es nicht einfach, an ihre Schale zu kommen, meist reicht es, wenn man die Knollen gründlich unter fließendem Wasser abbürstet. Zum Schälen kann man den Topinambur in kochendem Wasser blanchieren und die Schale abziehen. Roh ähnelt sein Geschmack dem der Artischocke. Gegart entwickelt sich das süßlich-nussige Aroma des Gemüses.

Violette Möhre (9)

Im Handel zu finden ist die violette Möhre unter den Sortenbezeichnungen „BetaSweet", „Purple Haze" oder „Purple Dragon". Wer sie als Beilage einsetzen möchte, sollte beachten, dass sie beim Schmoren und Kochen ihre violette Farbe abgibt und so anderes Gemüse, Nudeln oder Reis, mit einfärbt. Um diesen Effekt zu vermeiden, die Möhren am besten separat zubereiten und am Ende der Garzeit zu den anderen Zutaten dazugeben.

Urkohl (10)

Dabei handelt es sich um die Wiederbelebung einer alten Kohlsorte, die erst seit einiger Zeit wieder im Handel erhältlich ist, manchmal auch unter dem Namen „Jaroma". Urkohl ähnelt leicht flach gedrücktem Weißkohl, ist aber weicher als dieser, riecht beim Kochen nicht und ist besser verdaulich.

Blaue Kartoffel (11)

Es gibt unzählige Sorten von Kartoffeln, einige davon sind rot, blau oder lila. Für die Farbe sind blaurote Pflanzenfarbstoffe, sogenannte sekundäre Pflanzenstoffe (in diesem Fall Anthozyane), verantwortlich. Die Färbung ist je nach Kartoffelsorte unterschiedlich stark und unterschiedlich verteilt (manchmal auch nur die Schale). Für cremige Suppen eignen sich Sorten mit einem hohen Stärkeanteil, die als mehligkochende Kartoffeln angeboten werden (z.B. die Sorten „Blauer Schwede" oder „Blaue Anneliese").

Pastinake (12)

Das sicherste Unterscheidungsmerkmal zur Petersilienwurzel ist der ausgeprägte Rand um den Austrittsbereich der Blätter der Pastinake. Ihr leicht süßlich-nussiger Geschmack macht diese botanische Kreuzung aus wilder Möhre und Petersilie so beliebt.

Mairübe/Navette (13)

Sie zählt küchentechnisch zu den Wurzelgemüsen. Mairüben sind rund und weiß, an der Oberseite abgeflacht. Die sonnenbeschienenen Teile der Rübe färben sich leicht violett. Ihr Geschmack ist mild.

Rote Bete/Gelbe Bete/Chioggia-Rübe (14)

Die besondere Farbe der Rote Bete macht sich auch als Suppe gut. Gegen die Rotfärbung der Hände beim Verarbeiten helfen Handschuhe, andernfalls einfach mit Zitronensaft abreiben. Eine große Zeitersparnis bieten heute vorgekochte und vakuumierte Knollen. Die Gelbe Bete blutet hingegen kaum aus und ist etwas milder im Geschmack. Eine weitere Besonderheit der Gattung ist die Chioggia-Rübe mit ihren hübschen rotweißen Ringen im Inneren. Allerdings verliert sich diese Färbung, wenn die Rüben zu lange gekocht werden.

Petersilienwurzel (15)

Sie kann optisch leicht mit der Pastinake verwechselt werden (siehe 12), beide gehören zur Familie der Wurzelgemüse. Allerdings ist die Petersilienwurzel würziger im Geschmack und daher fester Bestandteil des Suppengrünbunds.

KLEINE PANNENHILFE

Suppen sind unkompliziert, unglaublich abwechslungsreich, sie lassen sich einfrieren und mitnehmen. Doch wie bei jedem Gericht, kann es auch hier mal zu einer Panne kommen – aber keine Sorge, meist lässt sich diese mit ein paar kleinen Kniffen wieder beheben.

WAS IST ZU TUN, WENN ...

1 ... die Suppe zu dünnflüssig ist?
Wer seine Suppe gerne etwas cremiger mag, kann sie im offenen Topf noch einkochen lassen oder etwas Speisestärke, aufgelöst in kalter Flüssigkeit (z. B. Wasser, Fond oder Sahne), unterrühren. Dann die Suppe noch einmal aufkochen. Diesen Effekt erzielt man auch mit einem frischen Eigelb, die Suppe darf dann aber nicht mehr kochen. Zerkleinertes Weißbrot ohne Rinde, eine gegarte oder eine geriebene rohe Kartoffel, die man in der Suppe mitkocht und anschließend mitpüriert, macht die Suppe ebenfalls sämiger.

2 ... die Suppe zu dickflüssig ist?
Kein Problem, einfach mit Brühe oder etwas Wasser bis zur gewünschten Konsistenz verdünnen. Für eine noch feinere Suppe kann man die Zutaten auch durch ein feines Sieb passieren.

3 ... die Suppe versalzen ist?
Auch hier hilft eine Kartoffel (siehe Punkt 1), entweder püriert oder roh in Würfel geschnitten. Die Kartoffelwürfel kurz mit aufkochen und anschließend wieder entfernen. Wird die Suppe mit Milchprodukten, wie zum Beispiel Sahne, zubereitet, kann man auch einfach etwas mehr davon in die Suppe geben.

4 ... Suppe angebrannt ist?
Vor allem cremige Suppen sollte man nur bei mittlerer Hitze erwärmen und regelmäßig umrühren. Eventuell beim Erwärmen noch etwas Flüssigkeit angießen. Sollte die Suppe trotzdem am Boden anliegen, sofort in einen frischen Topf abgießen und unbedingt probieren, inwieweit sich der angebrannte Geschmack schon auf die ganze Suppe übertragen hat. In diesem Fall lieber verwerfen oder stark verdünnen, am besten mit Sahne.

5 ... die Suppe sauer oder bitter schmeckt?
Hat man versehentlich zu viel Wein, Zitronensaft oder eine andere säurehaltige Zutat verwendet, kann es sein, dass die Suppe zu säuerlich schmeckt. In diesem Fall mit etwas Zucker gegensteuern, bei Cremesuppen auch mit Sahne oder etwas Weißbrot. Das hilft auch bei Gemüsen mit einem sehr hohen Gehalt an Bitterstoffen.

6 ... Fettaugen auf der Brühe schwimmen?
Wer überschüssiges Fett entfernen möchte, kann die Brühe im Kühlschrank abkühlen lassen, bis sich das erstarrte Fett an der Oberfläche abgesetzt hat. Möchte man nicht so lange warten, Eiswürfel in einen hitzebeständigen Beutel geben und in die Suppe halten. Wer eine Fettkanne hat, kann diese verwenden oder das Fett vorsichtig abschöpfen.

7 ... die Brühe trüb ist?
Um eine Suppe zu klären (also für eine klare Brühe), 2 Eiweiße verquirlen und in die abgekühlte Brühe geben. Unter ständigem Schlagen mit dem Schneebesen wieder zum Sieden bringen. Von der heißen Herdplatte ziehen und 5 bis 10 Minuten warten, bis sich das Eiweiß mit den Trübstoffen abgesetzt hat. Die Brühe durch ein sehr feines Sieb oder ein mit einem Mulltuch oder einigen Lagen feuchtem Küchenpapier ausgelegtes Sieb abgießen.

TIPPS RUND UM DIE PERFEKTE SUPPE

Noch feiner ...

... werden Suppen, wenn man sie durch ein engmaschiges oder mit einem Mulltuch ausgelegtes Sieb

drückt oder eine Flotte Lotte verwendet. Das Passieren empfiehlt sich in jedem Fall, wenn sich nach dem Pürieren noch Reste von Gemüseschalen oder -fasern in der Suppe befinden. Am Ende sollte nur ein kleiner Rest an Feststoffen zurückbleiben.

Gewusst, wie: Fein und sauber pürieren

Die Zutaten in der Suppe werden heiß zerkleinert, entweder in einem Mixer aus Glas oder mit dem Stabmixer. Dafür ein hohes, nicht zu breites Gefäß verwenden und den Pürierstab vorsichtig auf und ab bewegen. Den Stab nicht auf dem Boden aufsetzen oder zu weit an die Oberfläche kommen.

Wie viel Suppe pro Person?

Die wichtigste Frage ist, soll die Suppe als Hauptmahlzeit serviert werden und entsprechend sättigen? Dann rechnet man 300 bis 500 ml Suppe für jeden Esser. Oder folgen noch weitere Gänge? In diesem Fall reichen 150 bis 200 ml Suppe pro Person.

Garzeiten

Je kleiner man alle Zutaten in der Vorbereitung schneidet, umso schneller ist die Suppe fertig.

Würzig

Einige Kräuter werden im Ganzen mitgekocht und zum Servieren wieder entfernt. Leichter ist es, sie zu einem Sträußchen zu binden oder die Würzmischung in einem Teesieb oder Einwegteebeutel (mit Küchengarn zubinden!) mitkochen zu lassen.

Das Auge isst mit

Für einen optischen Kick eignen sich essbare Blüten und Gewürze, aber auch frische Kräuter oder frittierte Blättchen, etwa von Salbei oder Oregano. Eine feine Suppe ziert ein Häubchen aus Sahne oder aufgeschäumter Milch, verfeinert mit Gewürzen. Geschmacklich pimpen Gremolata, Pesto sowie Kräuter- oder Nussöle nahezu jede Suppe.

Suppe to go!

Sie sind ideale Begleiter fürs Büro, denn sie machen satt ohne unangenehmes Völlegefühl. Zudem lassen sich Suppen prima vorbereiten und transportieren. Am besten übrigens tiefgefroren – oder alternativ in einem dicht schließenden Gefäß, wie früher dem „Henkelmann", in dem die Suppe direkt erwärmt wurde.

15

FRÜHLING

Der Frühling bringt wieder zarte Farben
auf den Teller. Ganz edel in Weiß präsentieren
sich Mairübchen, Spargel und Holunderblüten.
Radieschen und Rhabarber verwandeln ihr
Rot als Suppe in ein feines Rosé. Und ein
frisches Grün bringen Kräuter, Frühlings-
zwiebel, Zuckerschoten und
Staudensellerie.

RINDERBOULLION MIT ZWEIERLEI NOCKERL

Zutaten für je 4 Personen

... mit Parmesan-nockerl

Für die Suppe:
80 g Butter
Salz
frisch geriebene Muskatnuss
100 g Hartweizengrieß
4 Eigelb
80 g geriebener Parmesan
30 g getrocknete Tomaten
1 l Rinderbrühe

Außerdem:
einige Blätter Basilikum

... klassisch mit Grießnockerl

Für die Nockerl:
50 g weiche Butter
1 Ei
100 g Hartweizengrieß
Salz • Pfeffer aus der Mühle
frisch geriebene Muskatnuss

Außerdem:
½ Bund Schnittlauch
1 Möhre
1 l Rinderbrühe

... MIT PARMESANNOCKERL

1 Für die Suppe die Butter in einem Topf mit ¼ l Wasser aufkochen, je 1 Prise Salz und Muskatnuss hinzugeben. Den Grieß unter Rühren einrieseln lassen.

2 Den Topf von der Herdplatte nehmen und 5 Minuten weiterrühren, bis sich die Masse vom Boden löst. Nacheinander 4 Eigelbe und 50 g Parmesan einrühren. Die Masse 30 Minuten quellen lassen.

3 Die getrockneten Tomaten in feine Streifen schneiden. Die Brühe in einem großen Topf erhitzen.

4 Mit zwei angefeuchteten Teelöffeln von der Masse kleine Nocken abstechen und in der Brühe etwa 20 Minuten ziehen lassen. Zusammen mit dem restlichen Parmesan und den Tomatenstreifen in vier Schälchen füllen und mit Basilikumblättern garnieren.

... KLASSISCH MIT GRIESSNOCKERL

1 Für die Nockerl die Butter in einer Schüssel mit dem Schneebesen schaumig rühren und das Ei unterziehen. Den Grieß unterrühren und die Masse mit Salz, Pfeffer und Muskatnuss kräftig würzen. Die Masse 30 Minuten quellen lassen.

2 Den Schnittlauch waschen, trocken schütteln und in feine Röllchen schneiden. Die Möhre putzen, schälen und in schmale Streifen schneiden. Die Brühe in einem großen Topf aufkochen. Die Hitze reduzieren.

3 Mit zwei angefeuchteten Teelöffeln von der Grießmasse kleine Nocken abstechen und in der Brühe etwa 20 Minuten ziehen lassen. Zusammen mit den Möhrenstreifen und den Schnittlauchröllchen servieren.

SPARGELESSENZ MIT KERBELPESTO & SPARGELCREMESUPPE

Zutaten für je 4 Personen

**Spargelessenz
mit Kerbelpesto**

Für die Suppe:
1 kg weißer Spargel
2 TL Zitronensaft
Zucker
Salz · Pfeffer aus der Mühle

Für das Kerbelpesto:
1 Bund Kerbel
abgeriebene Schale und Saft
von ½ Bio-Limette
15 g geriebener Parmesan
3 EL Olivenöl
Pfeffer aus der Mühle

Spargelcremesuppe

1 Schalotte
500 g weißer Spargel
1 EL Butter
800 ml Gemüsebrühe
2 TL Zitronensaft
1 Bund Kerbel
200 g Sahne
Salz · Pfeffer aus der Mühle
1 EL Zucker

SPARGELESSENZ MIT KERBELPESTO

1 Für die Suppe den Spargel schälen, die holzigen Enden entfernen, die Spitzen abschneiden. Zwei Spargelstangen in dünne Scheiben schneiden, die Spitzen halbieren und beides beiseitelegen.

2 Die restlichen Spargelstangen in 2 l Wasser mit dem Zitronensaft und je 1 Prise Zucker, Salz und Pfeffer etwa 1 Stunde offen köcheln lassen, bis sich die Flüssigkeit halbiert hat.

3 Inzwischen für das Kerbelpesto den Kerbel waschen, trocken schütteln und die Blätter abzupfen. Mit der Limettenschale, 1 TL Limettensaft, dem Parmesan, Olivenöl und Pfeffer fein pürieren.

4 Die Spargelstangen aus dem Sud nehmen und anderweitig verwenden (z. B. für Salat). Die Spargelscheiben und -spitzen zur Essenz geben und etwa 5 Minuten bissfest köcheln lassen. Die Suppe mit dem Pesto auf vier Schälchen verteilen.

SPARGELCREMESUPPE

1 Die Schalotte schälen und würfeln. Den Spargel schälen, die holzigen Enden entfernen, die Spitzen abschneiden. Die Stangen in Stücke schneiden. Die Spitzen beiseitelegen.

2 Die Schalotte und die Spargelstücke in einem Topf mit 1 EL Butter andünsten. Die Brühe aufgießen, den Zitronensaft hinzufügen. Den Spargel darin etwa 10 Minuten weich garen.

3 Den Kerbel waschen und trocken schütteln, die Blätter abzupfen. Die Suppe mit dem Kerbel und der Sahne mit dem Stabmixer fein pürieren. Mit Salz und Pfeffer abschmecken.

4 Den Zucker in einem kleinen Topf schmelzen und die restliche Butter unterrühren. Die Spargelspitzen darin einige Minuten karamellisieren und in der Suppe servieren.

SPINATSUPPE ZWEIMAL ANDERS

Zutaten für je 4 Personen

... indisch mit roten Linsen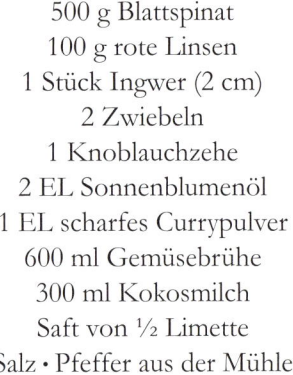

500 g Blattspinat
100 g rote Linsen
1 Stück Ingwer (2 cm)
2 Zwiebeln
1 Knoblauchzehe
2 EL Sonnenblumenöl
1 EL scharfes Currypulver
600 ml Gemüsebrühe
300 ml Kokosmilch
Saft von ½ Limette
Salz · Pfeffer aus der Mühle

... mit Petersilie

500 g Blattspinat
200 g festkochende Kartoffeln
2 Zwiebeln
1 Knoblauchzehe
2 EL Sonnenblumenöl
600 ml Gemüsebrühe
1 Bund Petersilie
300 g Sahne
Salz · Pfeffer aus der Mühle
frische geriebene Muskatnuss

... INDISCH MIT ROTEN LINSEN

1 Den Spinat verlesen und waschen, grobe Stiele entfernen. Auf einem Sieb gut abtropfen lassen. Einige Blätter für die Garnitur beiseitelegen, die restlichen Blätter grob hacken.

2 Die Linsen auf einem Sieb abbrausen und abtropfen lassen. Den Ingwer schälen und fein reiben. Die Zwiebeln und den Knoblauch schälen und fein würfeln.

3 Das Öl in einem Topf erhitzen, die Zwiebeln und den Knoblauch darin andüsten. Linsen, Spinat, Ingwer und Currypulver dazugeben und kurz mitdünsten. Die Brühe und die Kokosmilch angießen und die Linsen bei mittlerer Hitze etwa 15 Minuten weich garen.

4 Die Suppe mit Limettensaft, Salz und Pfeffer abschmecken. Auf vier Teller oder Schälchen verteilen und mit den beiseitegelegten Spinatblättern servieren.

... MIT PETERSILIE

1 Den Spinat wie oben beschrieben vorbereiten. Alle Blätter grob hacken. Die Kartoffeln schälen, waschen und in kleine Würfel schneiden. Die Zwiebeln und den Knoblauch schälen und fein würfeln. Das Öl in einem Topf erhitzen, die Zwiebeln und den Knoblauch darin andünsten. Die Kartoffeln dazugeben und kurz mitdünsten. Die Brühe angießen und die Kartoffeln bei mittlerer Hitze 15 bis 20 Minuten garen. Nach 10 Minuten den Spinat dazugeben.

2 Die Petersilie waschen und trocken schütteln, die Blätter abzupfen und fein hacken. Mit der Sahne unter die Suppe rühren. Vor dem Servieren mit Salz, Pfeffer und Muskatnuss abschmecken.

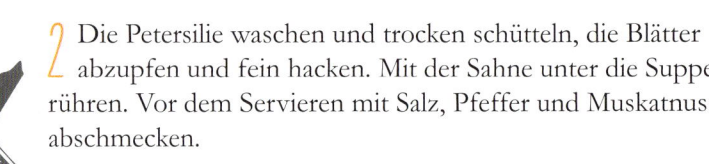

RADIESCHENBLÄTTERSUPPE MIT RADIESCHENSTIFTEN

1 Die Radieschenblätter abschneiden, waschen und klein schneiden. Vier Radieschen für die Einlage in Stifte schneiden, den Rest anderweitig verwenden (zum Beispiel für die Rosa Radieschensuppe, siehe Seite 24).

2 Die Zwiebel und den Knoblauch schälen und würfeln. Die Kartoffeln schälen und waschen. Die Möhren putzen und schälen. Kartoffeln und Möhren klein schneiden. Die Butter in einem Topf erhitzen, die Zwiebel und den Knoblauch darin andüsten. Die Kartoffeln und die Möhren kurz mitdünsten. Mit der Brühe aufgießen und das Gemüse darin etwa 25 Minuten garen. Die Radieschenblätter 5 Minuten in der Suppe mitgaren.

3 Die Kresse abschneiden und die Hälfte unter die Suppe rühren. Die Sahne dazugeben und alle Zutaten mit dem Stabmixer fein pürieren. Mit Salz und Pfeffer abschmecken.

4 Die Suppe auf vier Teller oder Schälchen verteilen. Mit den Radieschenstiften und der restlichen Kresse bestreut servieren.

Zutaten für 4 Personen

1 Bund Radieschen
1 Zwiebel
1 Knoblauchzehe
300 g mehligkochende Kartoffeln
2 Möhren
1 EL Butter
½ l Gemüsebrühe
1 Kästchen Kresse
200 g Sahne
Salz · Pfeffer aus der Mühle

Mein Veggi-Tipp

Diese Suppe ist eine ideale Möglichkeit, alle Teile vom Gemüse zu verwenden. Neben Radieschenblättern eignen sich auch die Blätter von Kohlrabi oder das Kraut von Möhren.

ROSA RADIESCHENSUPPE MIT KRESSE

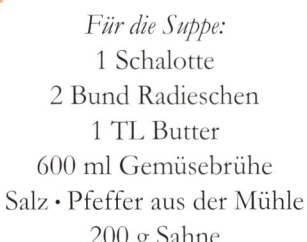

Zutaten für 4 Personen

Für die Suppe:
1 Schalotte
2 Bund Radieschen
1 TL Butter
600 ml Gemüsebrühe
Salz · Pfeffer aus der Mühle
200 g Sahne

Außerdem:
1 Handvoll Kresse
Wiesenblumen
(siehe Tipp)

1 Für die Suppe die Schalotte schälen und grob würfeln. Die Radieschen putzen, waschen und klein schneiden. Die Butter in einem großen Topf erhitzen und die Schalotte darin andünsten. Die Radieschen dazugeben und alles mit der Brühe aufgießen.

2 Kurz aufkochen und etwa 15 Minuten köcheln lassen. Die Sahne unterrühren und alle Zutaten mit dem Stabmixer fein pürieren. Mit Salz und Pfeffer abschmecken.

3 Die Kresse waschen und trocken tupfen. Die Suppe nach Belieben warm oder kalt auf vier Tellern anrichten. Mit der Kresse und den Wiesenblumen garniert servieren.

Leckere Wiesenblumen

Die Suppe mit Gänseblümchen aus dem Garten oder von der Wiese garnieren. Die hübschen Blüten sehen nicht nur dekorativ aus, sie sind auch essbar, ebenso wie die Blüten von Borretsch, Schnittlauch oder Rotklee.

MAIRÜBCHENSUPPE MIT SAFRAN & LACHS

Zutaten für 4 Personen

Für die Suppe:
1 weiße Zwiebel
250 g Mairübchen
1 Stängel Zitronengras
1 EL Butter
Saft von ½ Zitrone
450 ml Gemüsebrühe
50 g Sahne
Salz · Pfeffer aus der Mühle

Außerdem:
100 g Lachsfilet
4 Msp. Safranpulver

1 Für die Suppe die Zwiebel und die Mairübchen schälen. Die Zwiebel grob würfeln, die Rübchen klein schneiden. Das Zitronengras putzen und anbrechen oder -klopfen.

2 Die Butter in einem großen Topf erhitzen. Die Mairübchen, das Zitronengras und den Zitronensaft dazugeben. Mit der Brühe aufgießen und 10 bis 15 Minuten weich garen. Das Zitronengras entfernen. Die Sahne dazugeben und alle Zutaten mit dem Stabmixer fein pürieren. Mit Salz und Pfeffer abschmecken.

3 Den Lachs waschen, trocken tupfen und in mundgerechte Stücke teilen. In der Suppe 2 bis 3 Minuten garen.

4 Die Suppe auf vier Schälchen verteilen. Jeweils 1 Msp. Safran in der Suppe verziehen.

Mein Veggi-Tipp

Wer auf den Lachs verzichten will, kann die Suppe auch nur mit Kresse bestreuen. Als vegetarische Einlage eignen sich außerdem Radieschen, in Stifte oder Scheiben geschnitten, die vorher in Zucker karamellisiert werden.

LAUCHSUPPE MIT KÄSE & BLÄTTERTEIGSTANGEN

Zutaten für 4 Personen

Für die Suppe:
250 g Lauch
150 g mehligkochende
Kartoffeln
1 EL Butter
200 ml Noilly Prat (franz.
Wermut; ersatzweise halb-
trockener Weißwein)
750 ml Gemüsebrühe
150 g Frischkäse
Salz · Pfeffer aus der Mühle
frisch geriebene Muskatnuss
100 g Greyerzer
(oder Bergkäse)

Für die Blätterteigstangen:
300 g Blätterteig (tiefgekühlt
oder aus dem Kühlregal)
1 Ei · 2 EL Milch
1 EL schwarzer Sesam
(oder 1 EL schwarze Zwiebel-
saat; aus dem Asialaden)
1 EL Schwarzkümmel

1 Für die Suppe den Lauch putzen, längs aufschneiden, waschen und in Ringe schneiden. Die Kartoffeln schälen und in kleine Würfel schneiden. Die Butter in einem Topf erhitzen, den Lauch und die Kartoffeln darin andünsten. Den Wermut und die Brühe angießen und das Gemüse darin bei mittlerer Hitze etwa 20 Minuten weich dünsten.

2 Den Frischkäse in die Suppe geben und mit dem Stabmixer pürieren. Nach Belieben durch ein feines Sieb passieren, um die Lauchfäden zu entfernen. Mit Salz, Pfeffer und Muskatnuss abschmecken. Den Käse reiben.

3 Für die Blätterteigstangen den Backofen auf 200 °C vorheizen und ein Backblech mit Backpapier belegen. Den Blätterteig in Streifen schneiden. Das Ei und die Milch verquirlen und die Blätterteigstangen mit der Eiermischung bestreichen. Die Samen sofort aufstreuen und die Teigstangen in sich verdrehen. Auf das Backblech legen und im Ofen auf der mittleren Schiene 10 bis 15 Minuten knusprig backen.

4 Die Suppe auf vier Teller oder Schälchen verteilen und mit dem geriebenen Käse bestreuen. Mit den Blätterteigstangen servieren.

Frühlingszwiebelsuppe mit Parmesan

Für diese feine Variante den Lauch durch Frühlingszwiebeln und den Greyerzer durch geriebenen Parmesan ersetzen. Schmeckt, wenn es schnell gehen soll, natürlich auch ohne Blätterteigstangen.

KNOBLAUCHSUPPE MIT GERÖSTETEM THYMIANBROT

1 Für die Suppe den Knoblauch schälen und in dünne Scheiben schneiden. Das Olivenöl in einem Topf erhitzen und die Knoblauchscheiben darin andünsten. Den Wein angießen und bei mittlerer Hitze etwas einkochen lassen. Die Brühe und das Lorbeerblatt dazugeben und etwa 10 Minuten bei mittlerer Hitze köcheln lassen.

2 Das Lorbeerblatt entfernen. Das Brot zerkleinern und in die Suppe geben. Die Sahne angießen und die Suppe mit dem Stabmixer pürieren. Mit Salz, Pfeffer und etwas Zitronensaft abschmecken.

3 Für das Thymianbrot den Thymian waschen, trocken tupfen und die Blättchen abstreifen. Das Öl in einer Pfanne erhitzen und die Thymianblättchen darin knusprig ausbraten. Das Brot toasten.

4 Die Suppe auf vier Teller oder Schälchen verteilen und mit je 1 TL Thymian bestreuen. Den restlichen Thymian auf den gerösteten Brotscheiben zur Suppe servieren.

Zutaten für 4 Personen

Für die Suppe:
10–15 junge Knoblauch-
zehen
2 EL Olivenöl
¼ l halbtrockener Weißwein
½ l Gemüsebrühe
1 Lorbeerblatt
50 g Weißbrot (ohne Rinde)
200 g Sahne
Salz · Pfeffer aus der Mühle
Zitronensaft

Für das Thymianbrot:
10 Zweige Thymian
2 EL Öl
4 Scheiben Roggenbrot

WAN-TAN-SUPPE MIT PAK CHOI

Zutaten für 4 Personen

Für die Suppe:
3 Frühlingszwiebeln
1 rote Chilischote
2 Knoblauchzehen
1 Stück Ingwer (1 cm)
1 Stängel Zitronengras
1 rote Paprikaschote
150 g Pak Choi
2 EL Sesamöl
1 l Gemüsebrühe

Für die Wan Tans:
12 Wan-Tan-Teigblätter
(tiefgekühlt)
2 Frühlingszwiebeln
6 Champignons
2 EL Sesamöl
1 EL milde Sojasauce

Außerdem:
milde Sojasauce
20 g Mungobohnen-
keimlinge

1 Für die Suppe die Frühlingszwiebeln putzen, waschen und in feine Ringe schneiden. Die Chilischote längs halbieren, entkernen und waschen. Ebenfalls in feine Ringe schneiden. Den Knoblauch schälen und in Scheiben schneiden. Den Ingwer schälen und in feine Streifen schneiden. Das Zitronengras putzen und mit dem Messerrücken klopfen.

2 Die Paprikaschote längs halbieren, entkernen und waschen. Die Hälften in mundgerechte Streifen schneiden. Den Pak Choi putzen und waschen. Das Stielende abschneiden, die Stiele halbieren und in feine Streifen schneiden. Die Blätter ebenfalls halbieren, in breitere Stücke schneiden.

3 Das Sesamöl in einer Pfanne erhitzen, Frühlingszwiebeln, Chili, Knoblauch, Ingwer und Zitronengras kurz darin andünsten. Die Paprikastücke und die Pak-Choi-Stiele kurz mitdünsten. Die Brühe angießen und alles etwa 15 Minuten köcheln lassen.

4 Für die Wan Tans die Wan-Tan-Teigplatten antauen lassen. Die Frühlingszwiebeln putzen, waschen und in sehr feine Ringe schneiden. Die Champignons putzen und klein schneiden. Das Öl in einem Topf erhitzen, Frühlingszwiebeln und Pilze darin andünsten. Mit der Sojasauce einkochen lassen.

5 Jeweils etwas Füllung in die Mitte der Wan-Tan-Blätter setzen. Die Teigränder mit etwas Wasser bestreichen und die jeweils gegenüberliegenden Ecken fest aneinanderdrücken, sodass ein Päckchen entsteht.

6 Das Zitronengras aus der Suppe entfernen. Die Teigpäckchen und die Pak-Choi-Blätter hinzufügen und etwa 5 Minuten garen. Mit Sojasauce abschmecken.

7 Die Mungobohnenkeimlinge auf einem Sieb abbrausen und gut abtropfen lassen. Die Suppe auf vier Schälchen verteilen und mit den Mungobohnenkeimlingen bestreut servieren.

SCHARFE MANIOKSUPPE

Zutaten für 4 Personen

300 g Maniok
3 rote Chilischoten
2 Zwiebeln
2 Knoblauchzehen
1 EL Öl
550 ml Gemüsebrühe
250 g Sahne
1 Limette
3 Frühlingszwiebeln
1 EL fruchtiges Currypulver
Salz

1 Den Maniok schälen und in grobe Stücke schneiden. Die Chilischoten längs halbieren, entkernen, waschen und klein schneiden. Die Zwiebeln und den Knoblauch schälen und grob würfeln.

2 Das Öl in einem Topf erhitzen, die Zwiebeln und den Knoblauch darin andünsten. Die Maniokstücke und die Chili kurz mitdünsten. Die Brühe angießen und den Maniok bei mittlerer Hitze etwa 20 Minuten garen.

3 Inzwischen die Limette halbieren und den Saft auspressen. Die Frühlingszwiebeln putzen, waschen und in feine Ringe schneiden.

4 Die Sahne angießen und die Suppe mit dem Stabmixer pürieren. Mit dem Limettensaft, dem Currypulver und Salz abschmecken. Auf vier Teller oder Schalen verteilen und mit den Frühlingszwiebelringen bestreut servieren.

Mein Veggi-Tipp

Maniokwurzeln gibt es im Asialaden. Wer sie nicht bekommt, kann sie durch dieselbe Menge mehligkochende Kartoffeln ersetzen. Beide sind sehr stärkereiche Knollen.

BASILIKUMSCHAUMSUPPE MIT ÜBERBACKENEN KIRSCHTOMATEN

1 Für die Suppe die Schalotten und den Knoblauch schälen und würfeln. Das Olivenöl in einem großen Topf erhitzen, die Schalotten und den Knoblauch darin andünsten. Den Wein dazugeben und bei mittlerer Hitze etwas einkochen lassen. Die Brühe angießen und erneut etwas einkochen.

2 Das Basilikum waschen und trocken schütteln. Für die Garnitur 4 Blätter beiseitelegen, das restliche Basilikum mit den Stielen grob hacken und in die Suppe geben. Vom Herd nehmen, Sahne angießen und mit dem Stabmixer schaumig pürieren.

3 Für die Kirschtomaten den Backofen auf 180 °C vorheizen. Die Kirschtomaten waschen und trocken reiben. Mit einem scharfen Messer einen Deckel abschneiden und die Tomaten mit einem spitzen Messer oder einem Espressolöffel vorsichtig aushöhlen.

4 Das Basilikum waschen, trocken schütteln und die Blätter abzupfen. Mit den Semmelbröseln, dem Parmesan, dem Olivenöl und Salz im Mixer zerkleinern. Die Tomaten mit der Masse füllen und in eine ofenfeste Form legen. Im Ofen auf der mittleren Schiene etwa 5 Minuten backen.

5 Die Suppe nach Belieben noch einmal erhitzen (sie schmeckt auch kalt). Auf vier Teller verteilen und mit je 3 Tomaten und den beiseitegelegten Basilikumblättern servieren. Wer mag, frittiert die Blätter vorher in heißem Olivenöl.

Zutaten für 4 Personen

Für die Suppe:
2 Schalotten
1 Knoblauchzehe
1 EL Olivenöl
150 ml Weißwein
800 ml Gemüsebrühe
1 ½ Bund Basilikum
400 g Sahne

Für die Kirschtomaten:
12 Kirschtomaten
½ Bund Basilikum
1 EL Semmelbrösel
2 EL geriebener Parmesan
2 EL Olivenöl
Salz

ZWEIERLEI KRÄUTERSUPPE

Zutaten für je 4 Personen

... mit frittierten Brennnesselblättern

Für die Suppe:
1 Zwiebel · 300 g mehlig-
kochende Kartoffeln
1 kleine Stange Lauch
1 EL Öl · 125 ml Weißwein
650 ml Gemüsebrühe
250 g Sahne · 90 g gemischte Kräuter (z. B. Borretsch,
Kerbel, Pimpinelle, Brunnen-
kresse, Petersilie, Sauerampfer,
Brennnessel, Löwenzahn)
Salz · Pfeffer aus der Mühle

Für die frittierten Brennnesseln:
20 Brennnesselblätter
50 g Mehl · 1 Ei
etwa 50 ml Bier
Salz · Pfeffer aus der Mühle

Außerdem:
Öl zum Frittieren

... mit Spinat und Zitrone

1 Schalotte · 100 g Blattspinat
2 Sauerampferblätter
1 Handvoll Kerbel
1 Bund Petersilie
100 g Löwenzahn · 1 EL Butter
1 EL Zitronensaft
½ l Gemüsebrühe · 2 Eigelb
100 g Crème double
Salz · Pfeffer aus der Mühle

... MIT FRITTIERTEN BRENNNESSELBLÄTTERN

1 Für die Suppe die Zwiebel schälen und würfeln. Die Kartoffeln schälen, waschen und klein schneiden. Den Lauch
putzen, waschen und in 1 cm dicke Ringe schneiden. Das Öl in
einem Topf erhitzen und alle Zutaten darin andünsten. Den
Wein angießen und etwas einkochen lassen. Die Brühe und die
Sahne hinzufügen, aufkochen und zugedeckt etwa 20 Minuten
köcheln lassen.

2 Für die frittierten Brennnesseln die Brennnesselblätter
waschen und trocken tupfen. In einer Schüssel Mehl, Ei
und so viel Bier verrühren, dass ein glatter Teig (ähnlich
Pfannkuchenteig) entsteht. Mit Salz und Pfeffer würzen.

3 Reichlich Öl in einer tiefen Pfanne (oder Fritteuse) erhitzen.
Die Brennnesselblätter in den Teig tunken und im heißen Öl
ausbacken. Auf Küchenpapier abtropfen lassen.

4 Die Kräuter waschen, trocken schütteln, hacken und zur
Suppe geben. Alles mit dem Stabmixer fein pürieren. Mit
Salz und Pfeffer abschmecken. Falls die Suppe noch fasrig ist,
durch ein feines Sieb passieren. Mit den Brennnesselblättern
servieren.

... MIT SPINAT

1 Die Schalotte schälen und würfeln. Spinat verlesen und
waschen, grobe Stiele entfernen. Kräuter waschen, trocken
schütteln und in Streifen schneiden. Einige für die Garnitur
beiseitelegen. Die Butter in einem Topf erhitzen, die Schalotte
darin andünsten. Kräuter und 1 EL Zitronensaft hinzufügen,
die Brühe angießen und kurz aufkochen. Die Hitze reduzieren.

2 Die Eigelbe und die Crème double verrühren, mit Salz
und Pfeffer würzen. Den Topf vom Herd nehmen und die
Suppe mit der Eigelbmischung pürieren. Erneut erwärmen
(nicht kochen lassen) und mit Käutern bestreut servieren.

KOHLRABISUPPE MIT ZUCKERSCHOTEN & TONKABOHNENSCHAUM

Zutaten für 4 Personen

Für die Suppe:
2 Zwiebeln
500 g Kohlrabi
1 EL Butter
100 ml weißer Portwein
(ersatzweise Wermut oder
halbtrockener Weißwein)
400 ml Gemüsebrühe
¼ l Milch
250 g Sahne
Salz · Pfeffer aus der Mühle
frisch geriebene Muskatnuss

Für die Zuckerschoten:
130 g Zuckerschoten
Salz

Für den Tonkabohnenschaum:
100 ml Milch
½ Tonkabohne

1 Für die Suppe die Zwiebeln schälen und würfeln. Den Kohlrabi putzen, schälen und in Stücke schneiden. Die Butter in einem großen Topf erhitzen und die Zwiebeln darin bei mittlerer Hitze andünsten. Den Kohlrabi kurz mitdünsten. Den Wein angießen und etwas einkochen lassen. Die Brühe und die Milch angießen und den Kohlrabi zugedeckt etwa 25 Minuten weich garen.

2 Inzwischen die Zuckerschoten waschen und putzen. Etwas Salzwasser in einem Topf aufkochen und die Zuckerschoten darin etwa 3 Minuten bissfest garen. In ein Sieb abgießen, abtropfen lassen und in mundgerechte Stücke schneiden.

3 Die Sahne zur Suppe geben und kurz aufkochen lassen. Den Topf vom Herd nehmen und die Suppe mit dem Stabmixer fein pürieren. Durch ein Sieb passieren und zurück in den Topf geben. Mit Salz, Pfeffer und Muskatnuss abschmecken.

4 Für den Tonkabohnenschaum die Milch in einem kleinen Topf erwärmen und die Tonkabohne hineinreiben. Die Suppe mit den Zuckerschoten auf vier Tellern anrichten. Die Milch mit dem Milchaufschäumer schäumen und die Suppe sofort mit dem Tonkabohnenschaum servieren.

Aromatisch

Dem optisch einer Mandel ähnlichen Samen des südamerikanischen Tonkabaums wird eine hypnotische erotisierende Wirkung nachgesagt. Um Speisen mit seinem außergewöhnlichen Aroma zu verfeinern, benötigt man nur geringe Mengen.

SCHARFES ZITRONENGRASSÜPPCHEN

1 Für die Suppe die Schalotten schälen und würfeln.Den Ingwer schälen und klein schneiden. Die Chilischote längs halbieren, entkernen, waschen und in kleine Ringe schneiden. Das Zitronengras putzen und die untere Hälfte in sehr feine Ringe schneiden.

2 Das Fett in einem Topf erhitzen. Die Schalotten, den Ingwer, die Chilischoten und das Zitronengras darin andünsten. Die Brühe und die Kokosmilch angießen, bei mittlerer Hitze zugedeckt 15 Minuten köcheln lassen. Die Suppe pürieren, durch ein feines Sieb passieren und mit Salz abschmecken.

3 Den Koriander waschen und trocken tupfen. Die Blätter abzupfen und fein hacken.

4 Die Suppe auf vier Teller oder Schälchen verteilen und mit den Korianderblättern bestreut servieren.

Zutaten für 4 Personen

Für die Suppe:
3 Schalotten
1 Stück Ingwer (3 cm)
1 rote Chilischote
5 Stängel Zitronengras
1 TL Kokosfett
800 ml Gemüsebrühe
300 ml Kokosmilch
Salz

Außerdem:
6 Stiele Koriander

FRÜHLINGSGEMÜSE MIT PETERSILIENSCHMAND & GARNELEN

Zutaten für 4 Personen

Für die Suppe:
400 g Möhren
400 g Blumenkohl
2 Stangen Staudensellerie
4 Frühlingszwiebeln
2 Knoblauchzehen
2 Zwiebeln
2 EL Olivenöl
1 Lorbeerblatt
1 Gewürznelke
8 schwarze Pfefferkörner
(angedrückt)
Salz
100 g Perlzwiebeln
100 g Zuckerschoten

Für den Schmand:
1 Bund glatte Petersilie
1 TL Saft und abgeriebene
Schale von ½ Bio-Zitrone
150 g Schmand
Salz · Pfeffer aus der Mühle

Für die Garnelenspieße:
8 Garnelen (ohne Kopf;
bis auf den Schwanzfächer
geschält)
3 EL Olivenöl
Salz

1 Für die Suppe die Möhren, Blumenkohl, Sellerie und Frühlingszwiebeln putzen und waschen. Die Möhren schälen und in Scheiben schneiden. Die Schalen in eine Schüssel geben. Den Blumenkohl in Röschen teilen. Die Selleriestangen in ½ cm dicke Scheiben schneiden, einige Blätter beiseitelegen. Die weißen und hellgrünen Teile der Frühlingszwiebeln in 3 mm breite Ringe schneiden. Blumenkohlstrunk, Selleriereste und die dunkelgrünen Teile der Frühlingszwiebeln zu den Möhrenschalen in die Schüssel geben.

2 Knoblauch und Zwiebeln waschen und jeweils mit Schale halbieren. Das Olivenöl in einem großen Topf erhitzen. Knoblauch und Zwiebeln darin anbraten. Das Lorbeerblatt, die Gewürznelke, die Pfefferkörner, Salz und die Gemüseabschnitte dazugeben. Mit 2 ½ l kaltem Wasser aufgießen und bei mittlerer Hitze mindestens 1 Stunde auf etwa die Hälfte einkochen lassen.

3 Die Perlzwiebeln pellen. Die Zuckerschoten putzen, waschen und in Stücke schneiden. Die Perlzwiebeln in die Brühe geben und bei mittlerer Hitze etwa 15 Minuten köcheln lassen. Nach 5 Minuten Möhren, Blumenkohlröschen, Selleriescheiben und Frühlingszwiebelringe dazugeben, nach weiteren 5 Minuten die Zuckerschoten.

4 Für den Schmand die Petersilie waschen und trocken schütteln. Die Blätter abzupfen und fein hacken. Petersilie, Zitronensaft und -schale mit dem Schmand verrühren. Mit Salz und Pfeffer würzen.

5 Für die Garnelenspieße vier Holzspieße in Wasser einweichen. Die Garnelen auf einem Sieb abbrausen und abtropfen lassen, je 2 Garnelen auf einen Holzspieß stecken. Das Olivenöl in einer Pfanne erhitzen, die Spieße darin scharf anbraten. Leicht mit Salz würzen.

6 Die Suppe durch ein feines Sieb in einen Topf abgießen und in tiefen Tellern anrichten. Mit dem Petersilienschmand und den beiseitegelegten Sellerieblättern servieren, dazu die Garnelenspieße und nach Belieben Weißbrot reichen.

KALBFLEISCHBÄLLCHEN IN RINDER- ODER PETERSILIENSUPPE

Zutaten für je 4 Personen

... in Rindersuppe

Für die Kalbfleischbällchen:
1 Bund Petersilie
1 EL Kapern
abgeriebene Schale von
1 Bio-Zitrone
250 g Kalbshackfleisch
Salz · Pfeffer aus der Mühle
frisch geriebene Muskatnuss
1 EL Senf · 2 Eier
1–2 EL Semmelbrösel
1 EL Butterschmalz

Außerdem:
¾ l Rinderbrühe

... in Petersiliensuppe

Für die Suppe:
300 g mehligkochende
Kartoffeln
1 Zwiebel
1 EL Butter
700 ml Gemüsebrühe
200 g Sahne
3 Bund Petersilie
Salz · Pfeffer aus der Mühle
frisch geriebene Muskatnuss
1 EL Zitronensaft

Für die Kalbfleischbällchen:
Zutaten siehe oben

... IN RINDERSUPPE

1 Für die Kalbfleischbällchen die Petersilie waschen und trocken schütteln. Die Blätter mit den Stielen fein hacken. Etwas für die Garnitur beiseitelegen. Die Kapern auf einem Sieb abtropfen lassen und fein hacken.

2 Die Petersilie mit den Kapern, der Zitronenschale und dem Hackfleisch in eine Schüssel geben. Mit Salz, Pfeffer, Muskatnuss und Senf würzen. Die Eier und die Semmelbrösel hinzufügen und alles gut mit den Händen verkneten.

3 Aus der Masse etwa walnussgroße Bällchen formen. Das Butterschmalz in einer Pfanne erhitzen und die Bällchen darin rundherum anbraten.

4 Die Brühe erhitzen und die Kalbfleischbällchen darin 10 Minuten ziehen lassen. Mit der beiseitegelegten Petersilie garniert servieren.

... IN PETERSILIENSUPPE

1 Für die Suppe die Kartoffeln schälen, waschen und in kleine Würfel schneiden. Die Zwiebel schälen und fein würfeln. Die Butter in einem Topf erhitzen und die Zwiebeln darin glasig dünsten. Die Kartoffeln hinzugeben, kurz mitdünsten. Die Brühe und die Sahne angießen, aufkochen und die Kartoffeln etwa 20 Minuten bei mittlerer Hitze weich garen.

2 Die Petersilie waschen und trocken schütteln. Fein hacken und in die Brühe geben. Die Suppe mit dem Stabmixer pürieren, mit den Gewürzen und dem Zitronensaft abschmecken.

3 Die Kalbfleischbällchen zubereiten, wie oben beschrieben. Aus der Masse etwa walnussgroße Bällchen formen. Das Butterschmalz in einer Pfanne erhitzen und die Bällchen darin rundherum anbraten. In der Suppe 10 Minuten ziehen lassen und heiß servieren.

FRÜHLINGSGEMÜSE-SUPPE MIT BELUGALINSEN

Zutaten für 4 Personen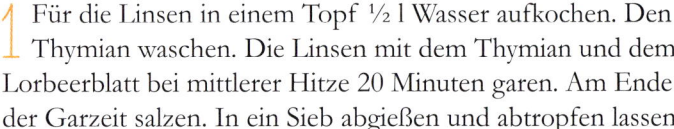

Für die Linsen:
2 Zweige Thymian
100 g Belugalinsen
1 Lorbeerblatt · Salz

Für die Suppe:
200 g grüner Spargel
200 g Kohlrabi
200 g Mairübchen
200 g junger Spinat
(oder Tatsoi)
2 Frühlingszwiebeln
3 EL Olivenöl
50 ml Noilly Prat
(franz. Wermut; ersatzweise
Weißwein)
1 l Gemüsebrühe
300 g Sahne
Salz · Pfeffer aus der Mühle

1 Für die Linsen in einem Topf ½ l Wasser aufkochen. Den Thymian waschen. Die Linsen mit dem Thymian und dem Lorbeerblatt bei mittlerer Hitze 20 Minuten garen. Am Ende der Garzeit salzen. In ein Sieb abgießen und abtropfen lassen.

2 Für die Suppe den Spargel waschen, die holzigen Enden abschneiden. Die Stangen in 3 cm lange Stücke schneiden. Den Kohlrabi und die Mairübchen putzen und schälen. Jeweils in 3 cm lange schmale Stifte schneiden.

3 Den Spinat verlesen und waschen. Auf einem Sieb abtropfen lassen. Die Frühlingszwiebeln putzen, waschen und in feine Ringe schneiden.

4 Das Olivenöl in einem Topf erhitzen und die Frühlingszwiebeln darin andünsten. Den Spargel, den Kohlrabi und die Mairübchen dazugeben und kurz mitdünsten. Den Wermut und die Brühe angießen und das Gemüse bei mittlerer Hitze 8 bis 10 Minuten bissfest garen.

5 Die Sahne, den Spinat und die Linsen zur Gemüsesuppe geben und etwa 5 Minuten erwärmen. Mit Salz und Pfeffer abschmecken. Die Suppe auf vier Teller oder Schälchen verteilen und sofort servieren.

HOLUNDERBLÜTENSUPPE MIT ERDBEEREN

1 Die Holunderblütendolden ausklopfen bzw. schütteln, um
sie von Schmutz oder kleinen Insekten zu befreien. Kurz
in kaltem Wasser schwenken und auf Küchenpapier abtropfen
lassen. Die Milch erhitzen und die Holunderblüten darin
15 Minuten bei schwacher Hitze köcheln lassen.

2 In ein Sieb abgießen und den Sud auffangen. Zurück in
den Topf geben und mit Tapiokaperlen, Vanillepulver,
Zucker und 1 Prise Salz unter Rühren aufkochen. Die Hitze
reduzieren und die Tapiokaperlen 10 bis 15 Minuten ausquel-
len lassen.

3 Inzwischen die Erdbeeren waschen, putzen und in kleine
Würfel schneiden. Die Suppe auf vier Teller oder Schalen
verteilen und mit den Erdbeerwürfeln servieren.

 **Zutaten für 4 Personen**

5 Holunderblüten-
dolden
1 l Milch
30 g Tapiokaperlen
(oder Perlsago)
1 Msp. Vanillepulver
3 EL Zucker
Salz
100 g Erdbeeren

Holunderblüten

Holunder blüht im Juni/Juli. Für
die Verwendung in der Küche sollten
nur die offenen Blüten gesammelt
werden. Wer sie nicht selbst sammeln
kann oder möchte, nimmt statt-
dessen 100 ml Holunderblüten-
sirup. In diesem Fall den
Zucker weglassen.

RHABARBERSUPPE MIT QUARKNOCKEN

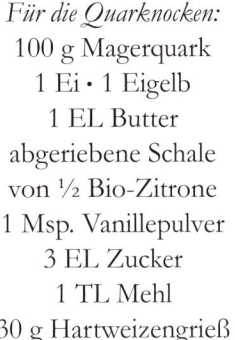

Zutaten für 4 Personen

Für die Quarknocken:
100 g Magerquark
1 Ei · 1 Eigelb
1 EL Butter
abgeriebene Schale
von ½ Bio-Zitrone
1 Msp. Vanillepulver
3 EL Zucker
1 TL Mehl
30 g Hartweizengrieß

Für die Suppe:
1 kg Rhabarber
½ l Roséwein
100 g Zucker
1 Sternanis
3 TL Speisestärke
100 ml Johannisbeersaft

Für die Zimt-Semmelbrösel:
30 g Semmelbrösel
1 TL Zimtpulver
2 EL Zucker
1 EL Butter

Außerdem:
4 Minzeblätter

1 Für die Quarknocken den Quark abtropfen lassen. Mit dem Ei, dem Eigelb, der Butter, der Zitronenschale, der Vanille und 2 EL Zucker in einer Schüssel mit den Quirlen des Handrührgeräts schaumig schlagen. Das Mehl und den Grieß unterrühren. Die Masse 30 Minuten quellen lassen.

2 Inzwischen für die Suppe den Rhabarber putzen, waschen und in Stücke schneiden. Mit dem Wein, dem Zucker und dem Sternanis in einem Topf kurz aufkochen. Den Rhabarber bei mittlerer Hitze etwa 8 Minuten weich garen.

3 Inzwischen für die Zimt-Semmelbrösel die Semmelbrösel mit dem Zimt und dem Zucker vermischen. Die Butter in einer kleinen Pfanne erhitzen und die Semmelbröselmischung darin unter Rühren leicht bräunen.

4 Die Suppe durch ein feines Sieb in einen Topf abgießen, dabei den Rhabarber mit einem Löffel gut ausdrücken.

5 Die Speisestärke mit etwas Johannisbeersaft in einer Tasse glatt verrühren, in die Suppe geben und unter Rühren erhitzen. Den restlichen Saft angießen.

6 In einem großen Topf reichlich Wasser mit 1 EL Zucker aufkochen. Von der Quarkmasse mit zwei angefeuchteten Teelöffeln Nocken abstechen und im siedenden Wasser etwa 8 Minuten ziehen lassen.

7 Die Suppe noch einmal kurz erwärmen und auf vier Tellern anrichten. Die Quarknocken mit der Schaumkelle aus dem Wasser heben und auf die Teller verteilen. Die Minzeblätter in Streifen schneiden und mit den Zimt-Semmelbröseln in der Suppe servieren.

SOMMER

Eines der beliebtesten Gerichte des Sommers
sind Tomaten mit Mozzarella und Basilikum.
Auch als Suppe ist diese Kombination
ein Hochgenuss. Raffinierte Suppen können
Sie ebenso gut aus gelben Paprikaschoten und
Buttersalat zaubern. Ob warm oder kalt —
lassen Sie sich von der Fülle des
Sommers inspirieren.

GELBE PAPRIKASUPPE MIT ROSA BLÜTENSALZ

Zutaten für 4 Personen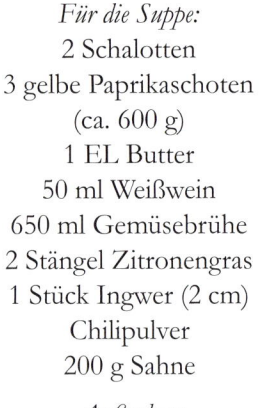

Für die Suppe:
2 Schalotten
3 gelbe Paprikaschoten
(ca. 600 g)
1 EL Butter
50 ml Weißwein
650 ml Gemüsebrühe
2 Stängel Zitronengras
1 Stück Ingwer (2 cm)
Chilipulver
200 g Sahne

Außerdem:
Rosa Blütensalz
(siehe Tipp)

1 Für die Suppe die Schalotten schälen und grob würfeln. Die Paprikaschoten längs halbieren, entkernen, waschen und in Stücke schneiden.

2 Die Butter in einem Topf erhitzen und die Schalotten darin andünsten. Die Paprikastücke hinzufügen und kurz mitdünsten. Mit dem Wein und der Brühe aufgießen.

3 Das Zitronengras putzen und mit dem Messerrücken anklopfen. In die Suppe geben und alles etwa 15 Minuten köcheln lassen.

4 Den Ingwer schälen und auf der Gemüsereibe fein reiben. Die Suppe mit dem Ingwer und 1 Prise Chilipulver abschmecken. Das Zitronengras entfernen. Die Suppe mit dem Stabmixer fein pürieren und durch ein Sieb passieren. Zurück in den Topf geben und die Sahne unterrühren.

5 Die Suppe auf vier Schälchen verteilen und mit dem Blütensalz bestreut servieren.

Blütensalz ...

... ist nicht nur schmackhaft, sondern auch sehr dekorativ. Fertige Mischungen gibt es von verschiedenen Herstellern im Laden oder übers Internet. Ersatzweise kann man (selbst!) getrocknete Blüten verwenden und mit etwas Fleur de Sel mischen.

PAPRIKA-AUBERGINEN-SUPPE MIT FETA

Zutaten für 4 Personen

4 Frühlingszwiebeln
1 Knoblauchzehe
1 gelbe Paprikaschote
1 rote Paprikaschote
1 kleine Aubergine
3 Tomaten
6 Zweige Thymian
60 ml Olivenöl
1 l Gemüsebrühe
100 g Feta
Salz · Pfeffer aus der Mühle

1 Die Frühlingszwiebeln putzen, waschen und in feine Ringe schneiden. Den Knoblauch schälen und fein würfeln. Die Paprikaschoten längs halbieren, entkernen, waschen, noch einmal halbieren und in schmale Streifen schneiden. Die Aubergine putzen, waschen und in Würfel schneiden. Die Tomaten waschen und in Würfel schneiden, dabei die Stielansätze entfernen. Den Thymian waschen und trocken schütteln. Die Blättchen abzupfen.

2 Das Olivenöl in einem großen Topf erhitzen und die Auberginenwürfel darin bei starker Hitze anbraten. Die Frühlingszwiebeln, den Knoblauch, den Thymian, die Paprikastreifen und die Tomatenwürfel dazugeben. Die Brühe angießen und das Gemüse 15 Minuten zugedeckt bei mittlerer Hitze köcheln lassen.

3 Den Schafskäse in Würfel schneiden oder grob zerbröseln. Die Suppe mit Salz und Pfeffer abschmecken und auf vier Teller oder Schälchen verteilen. Den Schafskäse hineingeben und servieren.

GAZPACHO MIT DILL-EIERN

1 Für die Suppe die Gurke waschen, nach Belieben schälen und in grobe Würfel schneiden. Den Knoblauch schälen und in Scheiben schneiden. Die Frühlingszwiebeln putzen, waschen und in Ringe schneiden.

2 Die Zitrone heiß abwaschen und trocken reiben. Die Schale fein abreiben und den Saft auspressen. Alle vorbereiteten Zutaten in eine Schüssel geben, mit der Buttermilch und dem Schmand sehr fein pürieren. Mit Salz und Pfeffer würzen und mindestens 1 Stunde kühl stellen.

3 Für die Dill-Eier in einem kleinen Topf Wasser aufkochen, die Eier darin 8 Minuten hart kochen. Abkühlen lassen, schälen und halbieren. Den Dill waschen, trocken tupfen und fein hacken.

4 Die Suppe auf vier Teller oder Schälchen verteilen. Jeweils mit ½ Ei und und mit Dill bestreut servieren.

Zutaten für 4 Personen

Für die Suppe:
1 Salatgurke
1 kleine Knoblauchzehe
2 Frühlingszwiebeln
½ Bio-Zitrone
½ l Buttermilch
150 g Schmand
Salz · Pfeffer aus der Mühle

Für die Dill-Eier:
2 Eier
3 Stiele Dill

Mit Krabben

Für eine sommerliche Variante mit Meeresfrüchten statt der Dill-Eier 100 g Nordseekrabben in der kalten Suppe servieren. Dazu passt ebenfalls Dill. Wie beim Rezept oben beschrieben, hacken und die Suppe vor dem Servieren damit bestreuen.

BUTTERSALATSUPPE MIT SCHALOTTENFLAN

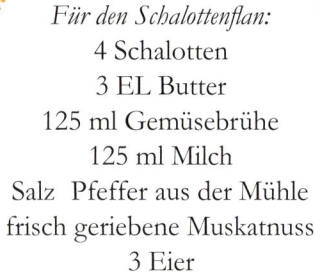

Zutaten für 4 Personen

Für den Schalottenflan:
4 Schalotten
3 EL Butter
125 ml Gemüsebrühe
125 ml Milch
Salz Pfeffer aus der Mühle
frisch geriebene Muskatnuss
3 Eier

Für die Suppe:
200 g vorwiegend festkochende Kartoffeln
1 Schalotte
2 Stiele Estragon
1 EL Butter
½ l Gemüsebrühe
200 g Sahne
1 Buttersalat (ersatzweise
Kopfsalat)
1 Bund Kerbel
100 g Crème fraîche
Salz · Pfeffer aus
der Mühle

1 Für den Schalottenflan die Schalotten schälen und fein würfeln. Die Butter in einem Topf erhitzen und die Schalotten darin glasig dünsten. Mit dem Stabmixer pürieren und durch ein feines Sieb streichen. Zurück in den Topf geben, die Brühe und die Milch dazugießen. Mit Salz, Pfeffer und Muskatnuss würzen. Vom Herd nehmen und etwas abkühlen lassen.

2 Den Backofen auf 175°C vorheizen. Die Eier in einer Schüssel mit dem Schneebesen schaumig schlagen. Den Schalottenfond nach und nach unterrühren. Die Masse auf vier ofenfeste Förmchen mit Deckel oder auf vier Tassen verteilen (Tassen mit Alufolie abdecken). Ein tiefes Backblech mit etwas Wasser füllen – die Förmchen sollen etwa bis zur Hälfte im Wasser stehen. Im Ofen auf der mittleren Schiene 20 Minuten goldbraun backen.

3 Für die Suppe die Kartoffeln schälen, waschen und klein schneiden. Die Schalotte schälen und grob würfeln. Den Estragon waschen, trocken tupfen und die Blätter abzupfen. Die Butter in einem Topf erhitzen und die Schalotten darin andünsten. Die Kartoffelwürfel und den Estragon dazugeben und kurz mitdünsten.

4 Die Brühe und die Sahne angießen. Die Kartoffeln bei mittlerer Hitze etwa 25 Minuten weich garen.

5 Inzwischen den Buttersalat putzen, waschen, trocken schleudern und grob schneiden. Den Kerbel waschen und trocken schütteln, 4 Stiele für die Garnitur beiseitelegen. Buttersalat, Kerbel und die Crème fraîche in die Suppe geben und mit dem Stabmixer fein pürieren. Mit Salz und Pfeffer abschmecken.

6 Jeweils 1 Flan auf einen Teller stürzen. Die Suppe schaumig aufschlagen und um den Flan herum angießen. Vom beiseitegelegten Kerbel die Blätter abzupfen und die Suppe damit garnieren. Sofort servieren.

ERBSENSUPPE MIT VANILLESCHAUM & MIT WÜRSTCHEN

Zutaten für je 4 Personen

... mit Vanille-schaum

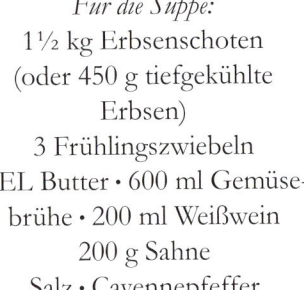

Für die Suppe:
1½ kg Erbsenschoten
(oder 450 g tiefgekühlte
Erbsen)
3 Frühlingszwiebeln
1 EL Butter · 600 ml Gemüsebrühe · 200 ml Weißwein
200 g Sahne
Salz · Cayennepfeffer

Außerdem:
100 ml Milch
1 Msp. Vanillemark

... mit Würstchen

Für die Suppe:
200 g getrocknete grüne
Erbsen (oder 350 g tiefgekühlte Erbsen)
3 Stiele Majoran
1 Lorbeerblatt · 2 Möhren
ca. 120 g Knollensellerie
200 g vorwiegend
festkochende Kartoffeln
1 kleine Stange Lauch
1,2 l Rinderbrühe
Salz · Pfeffer aus der Mühle
Aceto balsamico

Außerdem:
2 Wiener Würstchen
120 g durchwachsener Speck
(in kleinen Würfeln)

... MIT VANILLESCHAUM

1 Für die Suppe die Erbsen palen. Die Frühlingszwiebeln putzen, waschen und in Ringe schneiden. Die Butter in einem großen Topf erhitzen und die Frühlingszwiebeln kurz darin andünsten. Erbsen, Brühe und Wein dazugeben und bei mittlerer Hitze 10 bis 15 Minuten köcheln lassen.

2 4 EL Erbsen herausnehmen und beiseitestellen. Die Sahne zur Suppe geben, mit dem Stabmixer fein pürieren und durch ein feines Sieb passieren. Mit Salz und Pfeffer abschmecken.

3 Die beiseitegestellten Erbsen in die Suppe geben. Die Milch in einem kleinen Topf erwärmen, mit Vanillemark aufschäumen. Die Suppe mit dem Vanilleschaum servieren.

... MIT WÜRSTCHEN

1 Für die Suppe die Erbsen in eine Schüssel geben, mit kaltem Wasser bedecken und mindestens 12 Stunden einweichen. In ein Sieb abgießen, abbrausen und abtropfen lassen.

2 Majoran waschen und trocken tupfen, die Blätter abzupfen, einige beiseitelegen. Übrige Blätter mit Erbsen und Lorbeer in einen großen Topf geben, 1½ l Wasser angießen und bei mittlerer Hitze etwa 1 Stunde garen. Lorbeer entfernen.

3 Möhren, Sellerie und Kartoffeln putzen, schälen, ggf. waschen und in 2 cm große Würfel schneiden. Den Lauch putzen, längs halbieren, waschen und in Ringe schneiden. Die Brühe in einem großen Topf erhitzen und das Gemüse darin 25 Minuten garen. Die Hälfte des Gemüses herausnehmen und die Brühe mit dem restlichen Gemüse und der Hälfte der Erbsen pürieren. Mit Salz, Pfeffer und Essig abschmecken.

4 Die Würstchen in Stücke schneiden, in der Suppe erwärmen. Den Speck anbraten. Die Suppe mit beiseitegelegtem Gemüse, restlichen Erbsen, Speck und Majoranblättchen anrichten.

AYURVEDISCHE GEMÜSESUPPE

1 Die Linsen auf einem Sieb abbrausen und abtropfen lassen. In einem großen Topf 300 ml Wasser aufkochen und die Linsen darin bei mittlerer Hitze etwa 10 Minuten weich garen.

2 Inzwischen die Möhre putzen und schälen. Die Kartoffeln schälen und waschen. Den Zucchino putzen und waschen. Das Gemüse in sehr kleine Würfel schneiden. Von den Bohnen die Enden abschneiden und eventuell Fäden abziehen. Waschen und in sehr dünne Scheiben schneiden. Das Zitronengras putzen und in vier Teile schneiden.

3 Das Ghee in einem Topf erhitzen und das Gemüse darin andünsten. Die Linsen in ein Sieb abgießen, abtropfen lassen und mit dem Zitronengras zum Gemüse geben. Mit der Brühe aufgießen und bei mittlerer Hitze 15 Minuten köcheln lassen.

4 Das Zitronengras entfernen. Die Suppe mit Salz und Pfeffer abschmecken und servieren.

Zutaten für 4 Personen

100 g rote Linsen
1 Möhre
100 g vorwiegend
festkochende Kartoffeln
1 kleiner Zucchino
100 g grüne Bohnen
1 Stängel Zitronengras
1 EL Ghee (ersatzweise Butterschmalz)
1 l Gemüsebrühe
Salz · Pfeffer aus der Mühle

FISCHSUPPE ZWEIMAL ANDERS

Zutaten für je 4 Personen

... mit Petersilien-Crostini

Für die Suppe:
1 Zwiebel · 2 Knoblauchzehen
2 Möhren · 1 kleine Stange Lauch
1 Fenchelknolle · 2 EL Olivenöl · 1 EL Fenchelsamen · 3 Pimentkörner · 100 ml Weißwein
1,2 l Fischbrühe · 3 Zweige
Thymian · 2 Lorbeerblätter
250 g Tomaten · 400 g Fischfilets (z. B. Zander, Felchen,
Forelle) · 250 g Miesmuscheln
Salz · Pfeffer aus der Mühle

Für die Petersilien-Crostini:
1 Bund Petersilie · 1 Knoblauchzehe · abgeriebene Schale
von 1 Bio-Zitrone · 3 EL Olivenöl · Salz · Pfeffer · ½ Baguette

Asia-Fischsuppe

1 Zwiebel · 2 Knoblauchzehen
2 Möhren · 1 Pak Choi
1 Fenchelknolle · 1 Stängel Zitronengras · je 1 Stück Ingwer-
und Kurkumawurzel (1 cm)
½ TL Anissamen · 3 Korianderkörner · 2 EL Kokosfett · 1,2 l
Fischbrühe · Saft und abgeriebene Schale von 1 Bio-Limette
400 g Fischfilets (z. B. Scholle,
Heilbutt, Kabeljau) · 250 g
Miesmuscheln · Sojasauce
Korianderblätter (gehackt)

... MIT PETERSILIEN-CROSTINI

1 Für die Suppe die Zwiebel und den Knoblauch schälen, vierteln und in sehr feine Scheiben schneiden. Das Gemüse putzen, waschen, ebenfalls in feine Scheiben schneiden. Das Olivenöl in einem großen Topf erhitzen. Die Zwiebel und den Knoblauch darin andünsten. Das Gemüse, die Fenchelsamen und die Pimentkörner dazugeben und 1 Minute mitdünsten.

2 Das Gemüse mit dem Wein und der Brühe ablöschen. Den Thymian waschen, mit den Lorbeerblättern zum Gemüse geben und 15 Minuten bissfest köcheln lassen.

3 Die Tomaten waschen und in Würfel schneiden, die Stielansätze entfernen. Den Fisch waschen, trocken tupfen und in mundgerechte Stücke schneiden. Muscheln putzen, geöffnete Exemplare wegwerfen! Tomaten, Fisch und Muscheln zum Gemüse geben, etwa 5 Minuten ziehen lassen. Lorbeerblätter und Thymian entfernen. Mit Salz und Pfeffer abschmecken.

4 Für die Crostini Petersilie waschen, trocken schütteln, die Blätter abzupfen. Mit geschältem Knoblauch, Zitronenschale, Öl und 1 EL heißem Wasser pürieren. Mit Salz und Pfeffer würzen. Baguette in Scheiben schneiden, im Toaster rösten und mit Petersiliencreme bestreichen. Zur Suppe servieren.

ASIA-FISCHSUPPE

1 Zwiebel und Knoblauch schälen, vierteln, in feine Scheiben schneiden. Das Gemüse putzen, waschen, in feine Streifen schneiden. Das Zitronengras putzen und anklopfen, Ingwer- und Kurkumawurzel schälen und fein reiben. Alle Zutaten mit den Anis- und Korianderkörnern in Kokosfett anschwitzen, mit der Brühe ablöschen. Limettensaft und -schale dazugeben.

2 Fisch und Muscheln vorbereiten und in der Suppe ziehen lassen, wie oben beschrieben. Zitronengras entfernen, die Suppe mit Sojasauce würzen und mit dem Koriander servieren.

GELBE-LINSEN-SUPPE ZWEIERLEI ART (SIEHE TITELFOTO)

Zutaten für je 4 Personen

... mit Hähnchen & Fenchel

200 g festkochende Kartoffeln
1 Stängel Zitronengras
1 Knoblauchzehe
200 g Hähnchenbrustfilet
1 EL Kokosfett
100 g gelbe Linsen
1 TL Kreuzkümmelsamen
1,2 l Hühnerbrühe
2 Frühlingszwiebeln
½ Fenchelknolle
1 Stange Staudensellerie
½ grüne Chilischote
1 Stiel Estragon
Salz · Pfeffer aus der Mühle

... mit Tomaten & Koriander

Zutaten (bis auf Estragon)
siehe oben

Außerdem:
2 Tomaten
3 Stiele Koriander

... MIT HÄHNCHEN & FENCHEL

1 Die Kartoffeln schälen, waschen und in kleine Würfel schneiden. Das Zitronengras putzen, halbieren und in sehr feine Streifen schneiden. Den Knoblauch schälen und fein würfeln.

2 Das Hähnchenbrustfilet waschen, trocken tupfen und in mundgerechte Stücke schneiden. Das Kokosfett in einem Topf erhitzen und die Hähnchenstücke darin bei starker Hitze anbraten. Die Kartoffeln, das Zitronengras und den Knoblauch mit den Linsen und dem Kreuzkümmel zum Hähnchen geben, kurz mitdünsten. Die Brühe angießen und alles etwa 8 Minuten garen.

3 Die Frühlingszwiebeln und den Fenchel putzen und waschen, den Sellerie putzen. Alles in kleine Stücke schneiden. Die Chilischote entkernen, waschen und fein schneiden. Das Gemüse und die Chilischote zur Suppe geben, weitere 10 Minuten köcheln lassen.

4 Den Estragon waschen und trocken tupfen. Die Blätter abzupfen, fein hacken und unter die Suppe rühren. Mit Salz und Pfeffer abschmecken, sofort servieren.

... MIT TOMATEN & KORIANDER

1 Die Suppe, wie im Rezept oben beschrieben, zubereiten und garen.

2 Die Tomaten waschen und in feine Würfel schneiden, dabei die Stielansätze entfernen. Den Koriander waschen und trocken tupfen, die Blätter abzupfen und fein hacken. Die Suppe mit den Tomatenwürfeln und dem Koriander servieren.

HERZHAFTE MANGOLDCREMESUPPE MIT GRÜNKERNSCHROT

1 Für die Suppe die Zwiebeln schälen und grob würfeln. Die Möhren putzen, schälen und in Scheiben schneiden. Den Mangold waschen. ½ Mangoldblatt in sehr feine Streifen schneiden und beiseitelegen. Die restlichen Stiele und Blätter in Stücke schneiden.

2 Die Butter in einem Topf erhitzen und die Zwiebeln darin andünsten. Die Möhren und die Mangoldstücke kurz mitdünsten. Die Brühe angießen und das Gemüse zugedeckt bei mittlerer Hitze etwa 10 Minuten garen.

3 Inzwischen den Speck von der Schwarte befreien, in kleine Würfel schneiden und in einer Pfanne ohne Fett anbraten. Bevor der Speck braun wird, den Grünkernschrot dazugeben und mit anrösten.

4 Die Suppe mit dem Stabmixer fein pürieren, mit Salz und Pfeffer abschmecken. Auf vier Teller oder Schälchen verteilen und mit jeweils 1 Klecks Crème fraîche, Speckwürfeln, gebratenem Grünkernschrot und dem fein geschnittenen Mangold anrichten.

Zutaten für 4 Personen

Für die Suppe:
2 Zwiebeln
3 Möhren
200 g Mangold
1 EL Butter
¾ l Gemüsebrühe
100 g durchwachsener Speck
50 g Grünkernschrot
Salz · Pfeffer aus der Mühle

Außerdem:
2 EL Crème fraîche

Vegetarisch ...

... wird die Suppe, wenn Sie den Speck durch Blauschimmelkäse ersetzen (z.B. Roquefort). Dafür 100 g Käse zerbröckeln und die Suppe mit Crème fraîche, evtl. dem Grünkernschrot (dann ist die Suppe sättigender) und dem fein geschnittenen Mangold anrichten.

FENCHELSUPPE MIT KAMMMUSCHELN

Zutaten für 4 Personen

Für die Suppe:
200 g mehligkochende
Kartoffeln
2 Fenchelknollen
8 Pimentkörner
2 TL Fenchelsamen
3 Schalotten
2 EL Butter
1 Sternanis
200 ml Weißwein
800 ml Gemüsebrühe
150 g Mascarpone
Salz · Pfeffer aus der Mühle

Für die Muscheln:
100 g Kammmuscheln (frisch,
ohne Schale; oder Jakobs-
muscheln)
1 EL Butter

1 Für die Suppe die Kartoffeln schälen, waschen und in Würfel schneiden. Den Fenchel waschen, längs halbieren. Den Strunk herausschneiden und die Hälften in Streifen schneiden.

2 Die Pimentkörner und die Fenchelsamen im Mörser fein zerstoßen. Die Schalotten schälen und in Streifen schneiden.

3 Die Butter in einem großen Topf erhitzen und die Schalotten darin andünsten. Die Gewürzmischung und den Sternanis kurz mitdünsten, die Kartoffeln und den Fenchel dazugeben. Mit Wein aufgießen und bei mittlerer Hitze auf die Hälfte einkochen lassen. Mit der Brühe aufgießen und zugedeckt bei mittlerer Hitze etwa 20 Minuten köcheln lassen, bis der Fenchel weich ist.

4 Den Sternanis entfernen, die Suppe mit dem Stabmixer pürieren und durch ein feines Sieb passieren. Den Mascarpone unterrühren und alles mit Salz und Pfeffer abschmecken.

5 Für die Muscheln die Kammmuscheln abbrausen und trocken tupfen. Die Butter in einer kleinen Pfanne erhitzen und die Muscheln darin von jeder Seite 1 Minute anbraten. Die Suppe auf vier Teller oder Schälchen verteilen und mit den Muscheln servieren.

ITALIENISCHE MINESTRONE

1 Für die Suppe die Möhren putzen, schälen und grob raspeln. Den Sellerie putzen und waschen. Die Stangen in schmale Scheiben schneiden, die Blätter fein hacken. Den Lauch putzen, längs aufschneiden, waschen und in schmale Ringe schneiden. Vom Weißkohl die äußeren Blätter entfernen und den harten Strunk entfernen. Den Kohl in feine Streifen schneiden. Den Mangold waschen, die Stiele halbieren und in feine Streifen schneiden. Die Blätter vierteln und in gröbere Streifen schneiden.

2 Das Olivenöl in einem großen Topf erhitzen und das Gemüse darin andünsten. Die Brühe angießen und das Gemüse zugedeckt bei mittlerer Hitze etwa 15 Minuten bissfest garen.

3 Die Kichererbsen und die Bohnen auf einem Sieb abbrausen und abtropfen lassen. In der Suppe 5 Minuten erwärmen. Mit Salz und Pfeffer abschmecken.

4 Den Parmesan reiben. Die Suppe auf vier Teller oder Schälchen verteilen und mit Parmesan bestreut servieren.

Zutaten für 4 Personen

Für die Suppe:
2 Möhren
2 Stangen Staudensellerie
1 kleine Stange Lauch
½ kleiner Weißkohl
100 g Mangold
3 EL Olivenöl
1,2 l Gemüsebrühe
100 g Kichererbsen
(aus dem Glas)
100 g weiße Bohnen
(aus dem Glas)
Salz · Pfeffer aus der Mühle

Außerdem:
100 g Parmesan

Typisch italienisch

Eine Minestrone eignet sich wunderbar zur Verwertung von Gemüse, da sich darin die unterschiedlichsten Gemüsesorten kombinieren lassen. Noch sättigender wird die Suppe mit Hülsenfrüchten, Nudeln oder Reis.

ZWEIERLEI GRÜNE-BOHNEN-SUPPE

Zutaten für je 4 Personen

... mit getrockneten Tomaten & Speck

100 g breite Bohnen
100 g grüne Bohnen
Salz · 500 g Dicke Bohnen
(ergibt ca. 150 g)
300 g festkochende Kartoffeln
3 getrocknete Tomaten
1 rote Zwiebel
2 EL Olivenöl
1 Chilischote (in dünnen
Streifen) · 1 l Hühner- oder
Gemüsebrühe
1 Stängel Bohnenkraut
6 dünne Scheiben durch-
wachsener Speck

**... mit Zucker-
schoten & Kapern**

100 g breite Bohnen
100 g grüne Bohnen
Salz · 500 g dicke Bohnen
(ergibt ca. 150 g)
100 g Zuckerschoten
1 rote Zwiebel
2 EL Olivenöl
1 l Hühner- oder
Gemüsebrühe
1 EL Kapern
Saft und abgeriebene Schale
von 1 Bio-Zitrone
Salz · Pfeffer aus der Mühle
½ Bund Dill

... MIT GETROCKNETEN TOMATEN & SPECK

1 Die breiten und die grünen Bohnen putzen, waschen und in kochendem Salzwasser etwa 10 Minuten bissfest garen. Auf einem Sieb abtropfen lassen. Die Dicken Bohnen aus den Schoten lösen und etwa 8 Minuten in kochendem Salzwasser garen. In ein Sieb abgießen, abkühlen lassen und, falls die Schale sehr zäh ist, die Kerne herausdrücken.

2 Die Kartoffeln schälen, waschen und in kleine Würfel schneiden. Die getrockneten Tomaten halbieren und in feine Streifen schneiden. Die Zwiebel schälen, fein würfeln.

3 Das Olivenöl in einem Topf erhitzen und die Zwiebel darin andünsten. Kartoffeln, Tomaten und Chili dazugeben, mit Brühe aufgießen und mit dem Bohnenkraut etwa 10 Minuten bei mittlerer Hitze fast weich garen. Die Bohnen hinzufügen, noch 5 Minuten köcheln lassen.

4 Die Speckscheiben in einer Pfanne ohne Fett sehr knusprig ausbraten. Auf Küchenpapier abtropfen lassen und grob zer-bröseln. Das Bohnenkraut aus der Suppe entfernen, die Suppe erneut abschmecken und mit den Speckbröseln servieren.

... MIT ZUCKERSCHOTEN & KAPERN

1 Die Bohnen vorbereiten und garen, wie oben beschrieben. Die Zuckerschoten putzen, waschen und in Stücke schnei-den. Die Zwiebel schälen und fein würfeln. Das Olivenöl in einem Topf erhitzen und die Zwiebel darin andünsten. Die Zuckerschoten kurz mitdünsten. Die Brühe angießen, 5 Mi-nuten köcheln lassen. Die Bohnen hinzufügen und weitere 5 Minuten garen.

2 Die Kapern abbrausen, abtropfen lassen und fein hacken. Mit Zitronensaft und -schale in die Suppe geben, mit Salz und Pfeffer würzen. Den Dill waschen, trocken schütteln und fein hacken. Die Suppe mit Dill bestreut servieren.

TOMATENSUPPE CAPRESE MIT MOZZARELLA

Zutaten für 4 Personen

Für die Suppe:
1 Zwiebel
1 Knoblauchzehe
500 g Tomaten
1 EL Olivenöl
Zucker
Salz · Pfeffer aus der Mühle

Für den panierten Mozzarella:
1 Ei
Salz · Pfeffer aus der Mühle
2 EL Mehl
100 g Semmelbrösel
250 g Mini-Mozzarellakugeln
Fett zum Frittieren

Für das Basilikumöl:
6 Stiele Basilikum
80 ml Olivenöl

Aceto balsamico

Alternativ zum Basilikumöl oder zusätzlich: Vor dem Servieren insgesamt 1 EL dunkle Balsamico-Essigcreme auf die in den Tellern angerichtete Suppe träufeln und mit dem Löffelstiel oder der Gabel zu Schlieren verziehen.

1 Für die Suppe Zwiebel und Knoblauch schälen und grob würfeln. Die Tomaten waschen und grob zerkleinern, dabei die Stielansätze entfernen.

2 Das Olivenöl in einem Topf erhitzen, die Zwiebel- und Knoblauchwürfel darin andünsten. Die Tomaten in den Topf geben und etwa 20 Minuten köcheln lassen. Mit dem Stabmixer fein pürieren und nach Belieben durch ein feines Sieb passieren. Mit Zucker, Salz und Pfeffer würzen.

3 Für den panierten Mozzarella das Ei mit ½ TL Salz und etwas Pfeffer mit einer Gabel in einem tiefen Teller verquirlen. Das Mehl und die Semmelbrösel jeweils in einen tiefen Teller geben. Die Mozzarellakugeln auf einem Sieb abtropfen lassen. Erst im Mehl wenden, dann durch das verquirlte Ei ziehen, anschließend in den Semmelbröseln wälzen. Ein weiteres Mal durch das Ei ziehen und noch einmal in den Semmelbröseln wenden.

4 Für das Basilikumöl das Basilikum waschen und trocken schütteln. Die Blätter abzupfen, einige Blätter für die Garnitur beiseitelegen. Die restlichen Blätter grob schneiden und mit dem Olivenöl mit dem Stabmixer fein pürieren.

5 Fett in einem kleinen Topf auf 180 °C erhitzen – es sollte etwa 3 cm hoch im Topf stehen, damit die Mozzarellabällchen darin schwimmen (zum Temperaturabgleich einen Holzlöffelstiel in das Fett halten. Sobald Bläschen aufsteigen, ist die Temperatur erreicht). Die panierten Mozzarellakugeln etwa 1 Minute rundum goldbraun ausbacken. Mit der Schaumkelle herausheben und auf Küchenpapier abtropfen lassen. Die Suppe erneut erwärmen.

6 Die Suppe auf vier Teller verteilen und mit den Mozzarellakugeln, dem Basilikumöl und Basilikumblättern anrichten.

ZITRONENHÄHNCHENSUPPE MIT OLIVEN & ROTEM REIS

Zutaten für 4 Personen

Für die Suppe:
1 Bio-Zitrone
3 Zweige Thymian
3 Zweige Rosmarin
1 Suppenhuhn (ca. 1½ kg)
5 weiße Pfefferkörner
50 g Roter Reis (ersatzweise
heller Langkornreis)
1 Fenchel
2 Stangen Staudensellerie
2 Tomaten
Salz · Pfeffer aus der Mühle

Außerdem:
20 g schwarze Oliven
(ohne Stein)

1 Für die Suppe die Zitrone heiß abwaschen und achteln. Thymian und Rosmarin waschen. Das Suppenhuhn ebenfalls von innen und außen waschen und den Bürzel entfernen. Die Zitronenachtel, die Kräuter, die Pfefferkörner und das Huhn in einen großen Topf geben, mit Wasser bedecken und etwa 1 Stunde köcheln lassen (das Fleisch soll sich leicht von den Knochen lösen).

2 Inzwischen den Reis nach Packungsangabe garen, abgießen und abtropfen lassen. Den Fenchel und den Sellerie putzen, waschen und in Streifen schneiden. Die Tomaten waschen und in Würfel schneiden, dabei die Stielansätze entfernen.

3 Die Kräuter und das Huhn aus der Brühe nehmen. Die Brühe durch ein feines Sieb mit einem Mulltuch oder Küchenpapier in einen Topf abgießen und etwas einkochen lassen. Das Hühnerfleisch von den Knochen lösen, die Hälfte davon grob in Stücke zupfen, das restliche Fleisch anderweitig verwenden (z.B. für Frikassee) oder einfrieren.

4 Fenchel, Sellerie und Tomaten zur Brühe geben und bei mittlerer Hitze etwa 10 Minuten bissfest garen.

5 Den Reis, das Hähnchenfleisch und die Oliven in der Brühe erwärmen. Mit Salz und Pfeffer abschmecken. Die Suppe auf vier Teller verteilen und servieren.

Roter Reis

Seine Farbe bekommt er durch den Anbau auf tonhaltigen Böden. Allerdings ist nur die Außenschicht des Reiskorns rötlich gefärbt. Weil seine schöne rote Schale beim Polieren entfernt würde, wird er nur als Naturreis angeboten.

GULASCHSUPPE ZWEIMAL ANDERS

Zutaten für je 4 Personen

... mit Ochsenherz-tomaten

400 g Rindfleisch (aus der
Schulter, ersatzweise geschnittenes Rindergulasch)
1 Gemüsezwiebel
1 Knoblauchzehe
3 Ochsenherztomaten
1 TL Kreuzkümmelsamen
(oder ganzer Kümmel)
1 EL Butterschmalz
1 EL Tomatenmark
300 ml Rotwein
600 ml Rinderbrühe
Salz · Pfeffer aus der Mühle

... klassisch mit Kartoffeln

400 g Rindfleisch (aus der
Schulter, ersatzweise geschnittenes Rindergulasch)
1 Gemüsezwiebel
1 Knoblauchzehe
1 EL Tomatenmark
1 TL Paprikapulver
(rosenscharf)
1 EL Paprikapulver (edelsüß)
1 EL Butterschmalz
300 ml Rotwein
600 ml Rinderbrühe
200–300 g festkochende
Kartoffeln
Salz · Pfeffer aus der Mühle

... MIT OCHSENHERZTOMATEN

1 Das Rindfleisch waschen, trocken tupfen und in Würfel schneiden.

2 Die Zwiebel und den Knoblauch schälen und in kleine Würfel schneiden. Die Tomaten waschen und grob würfeln, dabei die Stielansätze entfernen. Den Kreuzkümmel im Mörser fein zerstoßen.

3 Das Butterschmalz in einem großen Topf erhitzen und das Fleisch darin bei großer Hitze rundum kräftig anbraten. Die Hitze reduzieren und die Zwiebel, den Knoblauch, das Tomatenmark, den Kreuzkümmel und die Tomaten zum Fleisch geben. Wein und Brühe angießen und mindestens 1 Stunde köcheln lassen. Mit Salz und Pfeffer abschmecken.

4 Fleisch und Suppe auf vier Suppenteller verteilen und servieren.

... KLASSISCH MIT KARTOFFELN

1 Das Fleisch und das Gemüse vorbereiten, wie oben beschrieben. Mit der Zwiebel, dem Knoblauch, dem Tomatenmark und dem Paprikapulver in Butterschmalz anbraten. Mit Wein und Brühe aufgießen und mindestens 1 Stunde köcheln lassen.

2 Die Kartoffeln schälen, waschen und in kleine Würfel schneiden. Etwa 20 Minuten vor Ende der Garzeit in den Topf geben und weich garen. Die fertige Suppe mit Salz und Pfeffer abschmecken und sofort servieren.

URMÖHREN-CURRYSUPPE MIT PUTE & KORIANDER-JOGHURT

Zutaten für 4 Personen

Für die Suppe:
300 g Möhren (gelb, oran-
ge und violett)
2 kleine rote Zwiebeln
1 Stück Ingwer (1 cm)
2 EL Kokosfett
Saft von 1 Orange
800 ml Gemüse- oder
Hühnerbrühe
2 TL Currypulver
300 g Putenbrustfilet
200 g Sahne

Für den Koriander-Joghurt:
5 Stiele Koriander
(oder Petersilie)
abgeriebene Schale von
½ Bio-Orange
100 g Naturjoghurt
Salz · Pfeffer aus der Mühle

1 Für die Suppe die Möhren putzen und nach Belieben wa-schen oder schälen. In ½ cm dicke Scheiben schneiden. Die Zwiebeln schälen und der Länge nach achteln. Den Ingwer schälen und auf der Gemüsereibe fein reiben.

2 In einem Topf 1 EL Kokosfett erhitzen. Die gelben und orangefarbenen Möhren und die Zwiebeln darin andünsten. Den Ingwer hinzufügen, kurz mitdünsten. Mit Orangensaft und 600 ml Brühe aufgießen. Mit Currypulver würzen und bei niedriger Hitze 15 Minuten köcheln lassen. Sahne dazugeben.

3 Inzwischen die violetten Möhren in einem separaten Topf in der restlichen Gemüsebrühe weich garen – so behalten die anderen Möhren ihre Farbe.

4 Für den Koriander-Joghurt den Koriander waschen und trocken schütteln, die Blätter abzupfen und grob hacken. Mit der Orangenschale und dem Joghurt mischen, mit Salz und Pfeffer würzen.

5 Die Putenbrustfilets waschen, trocken tupfen und in mund-gerechte Stücke schneiden. In einer Pfanne das restliche Ko-kosfett erhitzen und die Putenstücke darin rundum goldbraun anbraten. Mit den violetten Möhren zur Suppe geben.

6 Die Suppe auf vier Teller oder Schälchen verteilen und mit dem Koriander-Joghurt servieren.

Mein Veggi-Tipp

Für eine vegetarische Mahlzeit kommt die Suppe auch gut ohne Putenfleisch aus. Es kann prima durch gekochte Kichererbsen (aus der Dose/dem Glas) oder durch Räuchertofuwürfel ersetzt werden. Diese in Öl scharf anbraten.

WEISSES TOMATENSÜPPCHEN MIT OREGANO-ÖL

Zutaten für 4 Personen

Für die Suppe:
500 g Tomaten
1 l Gemüsebrühe
4 EL Olivenöl
Salz
2 Schalotten
1 Knoblauchzehe
100 ml Weißwein
150 g Sahne
weißer Pfeffer

Für das Oregano-Öl:
10 Zweige Oregano
100 ml Olivenöl
Salz

1 Für die Suppe die Tomaten waschen, vierteln und den Stielansatz entfernen. Mit der Brühe, 2 EL Olivenöl und etwas Salz in einer Schüssel mit dem Stabmixer grob pürieren.

2 Ein Sieb mit einem sauberen, feuchten Geschirrtuch auslegen und über eine Schüssel hängen. Die Tomatenmasse in das Tuch geben, die Stoffenden nach oben schlagen und mit Küchengarn zusammenbinden. An einem kühlen Ort mindestens 5 Stunden abtropfen lassen. Zum Schluss die Enden verdrehen und die Tomaten ausdrücken.

3 Die Schalotten und den Knoblauch schälen und fein würfeln. Das restliche Olivenöl in einem Topf erhitzen, die Schalotten und den Knoblauch darin andünsten. Den Wein und den Tomatenfond angießen und bei mittlerer Hitze 10 Minuten einkochen lassen. Die Sahne hinzufügen und erneut etwas einkochen lassen. Mit Salz und weißem Pfeffer abschmecken.

4 Für das Oregano-Öl den Oregano waschen, trocken schütteln und die Blätter abzupfen. Einige Blätter für die Garnitur beiseitelegen, die restlichen mit dem Olivenöl pürieren. Mit Salz abschmecken.

5 Die Suppe mit dem Stabmixer aufschäumen und auf vier Teller oder Schälchen verteilen. Jeweils etwas Oregano-Öl unterziehen und die Suppe mit den Blättern garnieren.

BEERENSUPPE MIT VANILLEEIS

1 Für die Suppe die Beeren verlesen, waschen und trocken tupfen. Ggf. die Johannisbeeren mit einer Gabel von den Rispen streifen.

2 In einer Tasse etwas Kirsch-Apfel-Saft mit der Speisestärke glatt verrühren. Den restlichen Saft in einem Topf erhitzen. Mit der angerührten Speisestärke und dem Zucker unter Rühren 2 bis 3 Minuten aufkochen. Die Hitze reduzieren und die Beeren in die Suppe geben. Vom Herd nehmen und etwas abkühlen lassen.

3 Die Zitronenmelisse waschen und trocken tupfen. Die Blätter abzupfen und mit der Schere in Streifen schneiden. Die Beerensuppe auf vier Teller oder Schälchen verteilen und jeweils 1 Kugel Vanilleeis hineinsetzen. Die Schokolade darüberreiben und die Suppe mit der Zitronenmelisse garnieren.

Zutaten für 4 Personen

Für die Suppe:
300 g gemischte Beeren
(z. B. Himbeeren, Brombeeren,
Heidelbeeren, Johannisbeeren,
Stachelbeeren)
600 ml Kirsch-Apfel-Saft
20 g Speisestärke
50 g Zucker

Außerdem:
2 Stiele Zitronenmelisse
(oder Minze)
4 Kugeln Vanilleeis
25 g Zartbitter-
schokolade

Mit Mascarponecreme

Statt Vanilleeis kann man auch eine Mascarponecreme zur Suppe servieren: Hierfür 150 g Mascarpone mit 75 g Quark und 60 g Puderzucker verrühren. 150 g Sahne steif schlagen und unterheben. Die Creme mit gerösteten Mandelblättchen zur Suppe servieren.

MELONENSUPPE MIT MINZPESTO & MIT HONIGMANDELN

Zutaten für je 4 Personen

... mit Minz- pesto

Für die Suppe:
1½ kg Wassermelone
1 Stück Ingwer (1 cm)
Saft und abgeriebene Schale
von 1 Bio-Limette

Für das Minzpesto:
8 Stiele Minze
15 g gehackte Mandeln
30 g Pistazienkerne
4 TL Agavensirup
(ersatzweise Honig)
Saft von ½ Limette

... mit Honigmandeln & Zwergbasilikum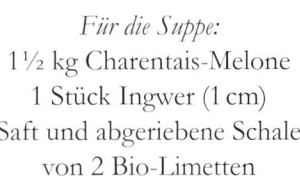

Für die Suppe:
1½ kg Charentais-Melone
1 Stück Ingwer (1 cm)
Saft und abgeriebene Schale
von 2 Bio-Limetten

Für die Honigmandeln:
100 g Mandelblättchen
75 g Akazienhonig

Außerdem:
2 Stiele Zwergbasilikum

... MIT MINZPESTO

1 Für die Suppe die Wassermelone vierteln, falls nötig, die Kerne entfernen. Das Fruchtfleisch klein schneiden. Den Ingwer schälen und auf der Gemüsereibe fein reiben. Melonenwürfel, Ingwer, Limettensaft und -schale im Mixer fein pürieren und kühl stellen.

2 Für das Minzpesto die Minze waschen, trocken schütteln und die Blätter abzupfen. Die Mandeln in einer Pfanne ohne Fett goldbraun rösten. Minzeblätter, Mandeln, Pistazien, Agavensirup und Limettensaft im Blitzhacker fein pürieren.

3 Die kalte Melonensuppe auf vier Teller verteilen und mit dem Minzpesto servieren.

... MIT HONIGMANDELN & ZWERGBASILIKUM

1 Für die Suppe die Charentais-Melone vierteln und die Kerne entfernen. Das Fruchtfleisch klein schneiden. Den Ingwer schälen und auf der Gemüsereibe fein reiben. Melone, Ingwer, Limettenschale und -saft im Mixer fein pürieren und kühl stellen.

2 Für die Honigmandeln die Mandelblättchen in einer Pfanne ohne Fett goldbraun rösten. Mit dem Honig vermischen. Basilikum waschen, trocken tupfen und die Blätter abzupfen.

3 Die kalte Melonensuppe auf vier Teller verteilen und mit den Honigmandeln und den Basilikumblättern garniert servieren.

HERBST

*Wenn sich die Blätter an den Bäumen
verfärben, werden auch die Farben unserer
Speisen sanfter, aber nicht weniger abwechslungsreich. Jetzt hält die Natur ganz
besondere Schätze bereit: Mit Pilzen,
Sellerie, Kürbis und Zwetschgen lassen
sich allerhand spannende
Suppen kreieren.*

BLAUE KARTOFFELSUPPE ORIENTALISCHE ART

Zutaten für 4 Personen

Für die Suppe:
1 rote Zwiebel
1 Knoblauchzehe
200 g blaue Kartoffeln
(z. B. Blauer Schwede oder
Blaue Anneliese, ersatzweise
mehligkochende Kartoffeln)
1 EL Butter
1 Msp. Kreuzkümmelsamen
1 Msp. Bockshornklee
2 Pimentkörner
Salz · 1 Sternanis
450 ml Gemüsebrühe
Pfeffer aus der Mühle
frisch geriebene Muskatnuss

Für die Zimtmöhren:
2 Urmöhren (ersatzweise gelbe
Möhren)
1 EL Olivenöl
1 Msp. Zimtpulver

Für die Süßkartoffelchips:
1 Süßkartoffel
50 ml Olivenöl
Salz

Für den Kurkumaschaum:
100 ml Milch
1 Stück Kurkumawurzel
(1 cm; ersatzweise 1 gestr. TL
gemahlene Kurkuma)

Außerdem:
Zesten von ½ Bio-Orange

1 Für die Suppe die Zwiebel und den Knoblauch schälen und grob würfeln. Die Kartoffeln schälen, waschen und in Würfel schneiden. Die Butter in einem Topf erhitzen, Zwiebel und Knoblauch darin andünsten. Die Kartoffelwürfel dazugeben, kurz mitdünsten.

2 Kreuzkümmel, Bockshornklee und Pimentkörner mit ½ TL Salz im Mörser fein zerreiben. Mit dem Sternanis und der Brühe zu den Kartoffeln geben und bei mittlerer Hitze etwa 25 Minuten weich garen. Alles mit dem Stabmixer fein pürieren, mit Salz, Pfeffer und Muskatnuss abschmecken.

3 Inzwischen für die Zimtmöhren die Möhren putzen, schälen und in dünne Scheiben schneiden. Das Olivenöl in einer Pfanne erhitzen. Die Möhrenscheiben darin anbraten und etwa 5 Minuten schmoren. Mit Zimt bestreuen.

4 Für die Süßkartoffelchips die Süßkartoffel schälen, waschen und trocken tupfen. In sehr dünne Scheiben schneiden oder hobeln. Das Olivenöl in einer Pfanne erhitzen und die Süßkartoffelscheiben darin knusprig braten. Mit Salz würzen und auf Küchenpapier abtropfen lassen.

5 Für den Kurkumaschaum die Milch in einem kleinen Topf erwärmen. Die Kurkumwurzel hineinreiben und mit dem Milchschäumer oder Stabmixer aufschäumen.

6 Die Suppe ggf. noch einmal erhitzen und auf vier Schalen verteilen. Mit Zimtmöhren, Kurkumaschaum, Süßkartoffelchips und den Orangenstreifen anrichten.

RINDERFOND MIT ZWEIERLEI EINLAGE

Zutaten für je 4 Personen

.... mit Brätspätzle

Für die Brätspätzle:
½ Bund Petersilie
250 g Brät
1 Ei
ca. 25 g Semmelbrösel
1 EL Milch
Salz · Pfeffer aus der Mühle
frisch geriebene Muskatnuss

Außerdem:
1 l Rinderfond

... mit Mini-Maultaschen

Für die Mini-Maultaschen:
1 Bund Petersilie
250 g Brät
3 Eier
ca. 25 g Semmelbrösel
ca. 1 EL Milch
Salz · Pfeffer aus der Mühle
frisch geriebene Muskatnuss
½ Packung Nudelteig
(aus dem Kühlregal)
1 Eiweiß

Außerdem:
1 l Rinderfond

... MIT BRÄTSPÄTZLE

1 Für die Brätspätzle die Petersilie waschen, trocken schütteln und fein hacken. Das Brät in einer Schüssel mit der Petersilie, dem Ei, den Semmelbröseln und der Milch verkneten. Mit Salz, Pfeffer und Muskatnuss würzen.

2 Den Fond in einem großen Topf aufkochen. Die Brätmasse durch die Spätzlepresse hineindrücken oder mit dem Spätzlehobel hineinhobeln. Die Hitze reduzieren und 5 Minuten ziehen lassen, bis die Spätzle an die Oberfläche steigen.

3 Die Suppe auf vier Teller oder Schälchen verteilen und sofort servieren.

... MIT MINI-MAULTASCHEN

1 Für die Mini-Maultaschen die Brätmasse herstellen, wie oben in Schritt 1 beschrieben.

2 Den Nudelteig entrollen. Auf eine Hälfte des Teigs in gleichmäßigen Abständen von etwa 1 cm je 1 TL Füllung setzen. Die andere Hälfte des Teigs mit Eiweiß bestreichen. Den Teig zusammenklappen und an den Zwischenräumen mit den Fingern festdrücken. Mit dem Teigrädchen entlang den Zwischenräumen in Quadrate schneiden.

3 Den Fond in einem großen Topf aufkochen und die Maultaschen hineingeben. Die Hitze reduzieren und die Nudeln 10 Minuten ziehen lassen, bis sie nach oben steigen. Sofort auf vier Teller oder Schalen verteilen und servieren.

BUTTERNUTSUPPE MIT INGWER & ORANGENGREMOLATA

1 Für die Suppe den Kürbis schälen und die Kerne mit einem Löffel entfernen. Das Kürbisfleisch in Würfel schneiden. Die Schalotten schälen und fein würfeln. Die Chilischote längs halbieren, entkernen, waschen und fein schneiden. Den Ingwer schälen und klein schneiden.

2 Das Öl in einem großen Topf erhitzen. Die Schalotten, die Chili und den Ingwer darin andünsten. Den Kürbis dazugeben und kurz mitdünsten. Die Brühe angießen und den Kürbis bei mittlerer Hitze etwa 15 Minuten weich garen.

3 Inzwischen für die Orangengremolata die Kürbiskerne in einer Pfanne ohne Fett rösten. Die Petersilie waschen, trocken schütteln und sehr fein hacken. Die Pfefferkörner im Mörser fein zerstoßen. Alle Zutaten mit der Orangenschale mischen.

4 Die Suppe mit dem Stabmixer fein pürieren, mit Orangensaft und Salz abschmecken. Die Suppe auf vier Teller oder Schalen verteilen und mit der Orangengremolata servieren.

Zutaten für 4 Personen

Für die Suppe:
600 g Butternut-Kürbis
2 Schalotten
1 rote Chilischote
1 Stück Ingwer (3 cm)
1 EL Öl
900 ml Gemüsebrühe
Saft von 1 Bio-Orange
Salz

Für die Orangengremolata:
2 EL Kürbiskerne
½ Bund Petersilie
1 TL Rosa Pfefferkörner
abgeriebene Schale von
1 Bio-Orange

Geschmacksbombe

Gremolata ist eine Mischung aus frischen Kräutern und Gewürzen, die als Aromakick zu einem Gericht serviert wird. Kühl gelagert und luftdicht verschlossen, lässt sie sich in einem Glas einige Tage aufbewahren.

SELLERIESUPPE MIT BIRNEN & MIT MARONEN

Zutaten für je 4 Personen

... mit Birnen & Gorgonzola-Crostini

Für die Suppe:
1 Zwiebel
300 g Knollensellerie
150 g Birnen · 1 EL Butter
½ l Gemüsebrühe
200 g Sahne
frisch geriebene Muskatnuss
Salz · Pfeffer aus der Mühle

Für die Gorgonzola-Crostini:
40 g Blauschimmelkäse
(z. B. Gorgonzola)
75 g Frischkäse
2 Zweige Thymian
Pfeffer · 8 Scheiben Weißbrot

Außerdem:
4 Scheiben durch-
wachsener Speck

... mit Maronen

1 Knoblauchzehe
300 g Knollensellerie
80 g Lauch · 400 g Maronen
(vorgegart) · 1 EL Butter
150 ml Weißwein
¾ l Gemüsebrühe
200 g Schmand
Salz · Pfeffer aus der Mühle

... MIT BIRNEN & GORGONZOLA-CROSTINI

1 Für die Suppe die Zwiebel schälen und grob würfeln. Den Sellerie schälen, waschen und in Stücke schneiden. Die Birnen schälen und halbieren, die Kerngehäuse entfernen. Das Fruchtfleisch in kleine Stücke schneiden.

2 Die Butter in einem Topf erhitzen, die Zwiebel darin andünsten. Sellerie und Birnen kurz mitdünsten. Die Brühe angießen und den Sellerie etwa 30 Minuten weich garen. Die Sahne unterrühren. Alles pürieren und durch ein feines Sieb passieren. Mit Muskatnuss, Salz und Pfeffer abschmecken.

3 Für die Crostini den Backofengrill einschalten. Den Blauschimmelkäse in einem tiefen Teller mit der Gabel zerdrücken und mit dem Frischkäse verrühren. Den Thymian waschen, trocken tupfen, die Blättchen abzupfen und zur Käsecreme geben. Mit Pfeffer würzen. Das Brot mit der Käsecreme bestreichen und unter dem Ofengrill gratinieren.

4 Den Speck in einer Pfanne ohne Fett knusprig ausbraten und in der Suppe servieren.

... MIT MARONEN

1 Den Knoblauch schälen und grob würfeln. Den Sellerie schälen, waschen und in Stücke schneiden. Den Lauch putzen und waschen. 50 g Lauch in grobe Ringe schneiden, den restlichen Lauch in feine Ringe schneiden und beiseitestellen.

2 Knoblauch, Sellerie, grobe Lauchringe und 300 g Maronen in der Butter andünsten. Wein und Brühe angießen, etwa 30 Minuten köcheln. Pürieren und durch ein feines Sieb passieren. 100 g Schmand einrühren. Mit Salz und Pfeffer würzen.

3 Die restlichen Maronen würfeln, mit dem beiseitegestellten Lauch kurz in kochendem Wasser erhitzen. Abgießen, abtropfen lassen, mit dem übrigen Schmand zur Suppe servieren.

ZWIEBELSUPPE ZWEIMAL ANDERS

Zutaten für je 4 Personen

Rote-Zwiebel-Suppe mit Gorgonzolahaube

Für die Suppe:
4 rote Zwiebeln
1 Knoblauchzehe
1 EL Zucker
1 EL Olivenöl
300 ml Rotwein
1 Lorbeerblatt
1 l Gemüsebrühe
1 Msp. Zimtpulver
Salz · Pfeffer aus der Mühle

Für die Gorgonzolahaube:
100 g Sahne
60 g Gorgonzola
100 g Sauerrahm

... klassisch mit Käse-Crostini

Für die Suppe:
4 braune Zwiebeln
1 EL Zucker
1 EL Butter
100 ml Weißwein
1 l Rinderbrühe
Salz

Für die Käse-Crostini:
4 Scheiben Roggenbrot
100 g geriebener Bergkäse

ROTE-ZWIEBEL-SUPPE MIT GORGONZOLAHAUBE

1 Für die Suppe die Zwiebeln schälen, halbieren und in schmale Streifen schneiden. Den Knoblauch schälen und fein würfeln. Den Zucker in einem großen Topf schmelzen, bis er flüssig ist und sich hellbraun färbt. Das Olivenöl, die Zwiebeln und den Knoblauch dazugeben, mit dem Wein ablöschen und mit dem Lorbeerblatt etwas einkochen. Die Brühe angießen und 10 Minuten bei mittlerer Hitze köcheln lassen. Mit Zimt, Salz und Pfeffer abschmecken.

2 Für die Gorgonzolahaube die Sahne in einem kleinen Topf erhitzen (nicht kochen lassen) und den Gorgonzola darin bei schwacher Hitze unter Rühren auflösen. Den Topf vom Herd nehmen, leicht abkühlen lassen und den Sauerrahm unterrühren. Mit dem Stabmixer schaumig aufschlagen.

3 Die Suppe auf vier Teller oder Schalen verteilen und jeweils 1 Klecks Gorgonzolaschaum daraufsetzen.

... KLASSISCH MIT KÄSE-CROSTINI

1 Für die Suppe die Zwiebeln schälen, halbieren und in feine Streifen schneiden. In einem großen Topf den Zucker gleichmäßig auf dem Boden verteilen und bei mittlerer Hitze schmelzen lassen. Sobald der Zucker flüssig ist und sich hellbraun färbt, die Butter und die Zwiebeln dazugeben. Mit dem Wein und der Brühe aufgießen und bei mittlerer Hitze etwa 10 Minuten köcheln lassen. Mit Salz abschmecken.

2 Für die Käse-Crostini den Backofengrill einschalten. Die Brotscheiben im Toaster rösten, den Käse darauf verteilen und unter dem Ofengrill goldbraun gratinieren.

3 Die Suppe auf vier Teller oder Schälchen verteilen und die heißen Crostini dazu reichen.

KIDNEYBOHNENSUPPE CON CARNE

1 Die Petersilienwurzel und die Möhre putzen, schälen und in kleine Würfel schneiden. Die Zwiebel und den Knoblauch schälen und fein würfeln. Die Chilischoten längs halbieren, entkernen und waschen. Ebenfalls sehr fein schneiden.

2 Das Butterschmalz in einem großen Topf erhitzen und das Hackfleisch darin krümelig anbraten. Die Zwiebel und den Knoblauch dazugeben und andünsten. Die Petersilienwurzeln, die Möhre und die Chilischoten dazugeben, kurz mitdünsten. Mit der Brühe und dem Tomatensaft aufgießen. Mit Salz und Paprikapulver abschmecken und bei mittlerer Hitze 15 Minuten köcheln lassen.

3 Die Kidneybohnen in ein Sieb abgießen, kalt abbrausen und abtropfen lassen. In der Suppe erwärmen.

4 Die Suppe auf vier Teller oder Schälchen verteilen und jeweils etwas Schokolade darüberreiben. Je 1 Klecks saure Sahne daraufsetzen und sofort servieren.

Zutaten für 4 Personen

Für die Suppe:
1 Petersilienwurzel
1 Möhre
1 Gemüsezwiebel
2 Knoblauchzehen
2 rote Chilischoten
1 EL Butterschmalz
200 g Rinderhackfleisch
½ l Rinderbrühe
½ l Tomatensaft
Salz
Paprikapulver (rosenscharf)
200 g Kidneybohnen
(aus dem Glas)

Außerdem:
20 g Zartbitterschokolade
60 g saure Sahne

LIMETTEN-SÜSSKARTOFFELSUPPE MIT GEBRATENEM TOFU

Zutaten für 4 Personen

Für den Tofu:
200 g Naturtofu
1 EL dunkle Sojasauce
½ TL Zucker
1 TL Speisestärke
1 EL Sesamöl
abgeriebene Schale von
1 Bio-Limette

Für die Suppe:
500 g Süßkartoffeln
1 Zwiebel
1 rote Chilischote
1 Bio-Limette
2 EL Sesamöl
¼ l Kokosmilch
¾ l Gemüsebrühe
Salz

Außerdem:
8 Stiele Koriander
Sojasauce

1 Den Tofu in Würfel schneiden. Die Sojasauce, den Zucker und die Speisestärke in einem tiefen Teller verrühren. Den Tofu darin zugedeckt mindestens 15 Minuten marinieren.

2 Das Sesamöl in einer Pfanne erhitzen und den Tofu darin rundum knusprig anbraten. Die Limettenschale über den Tofu streuen.

3 Für die Suppe die Süßkartoffeln schälen und waschen. Der Länge nach vierteln und in etwa 1 cm große Würfel schneiden. Die Zwiebel schälen und fein würfeln. Die Chilischote längs halbieren, entkernen, waschen und fein würfeln.

4 Von der Limette die Schale mit der weißen Haut bis zum Fruchtfleisch abschneiden. Die Filets mit einem kleinen spitzen Messer vorsichtig zwischen den Trennhäuten herausschneiden, dabei den Saft auffangen.

5 Das Sesamöl in einem Topf erhitzen. Die Süßkartoffeln, die Limettenfilets und die Zwiebel darin andünsten. Die Chilischote dazugeben und kurz mitdünsten. Die Kokosmilch, die Brühe und den Limettensaft angießen. Mit Salz abschmecken und etwa 10 Minuten köcheln lassen.

6 Den Koriander waschen, trocken schütteln, die Blätter abzupfen und grob hacken. Die Suppe auf vier Teller verteilen und mit den gebratenen Tofuwürfeln und Korianderblättern bestreut servieren. Zum Abschmecken kleine Schälchen mit Sojasauce zur Suppe reichen.

TOPINAMBURSUPPE MIT WALNÜSSEN

Zutaten für 4 Personen

Für die Suppe:
1 Zwiebel
500 g Topinambur
1 EL Butter
1 l Gemüsebrühe
Salz · Pfeffer aus der Mühle
frisch geriebene Muskatnuss

Außerdem:
40 g Walnusskernhälften
40 g Schmand

1 Für die Suppe die Zwiebel schälen und grob würfeln. Den Topinambur mit der Gemüsebürste unter fließendem Wasser abbürsten, eventuell schälen und zerkleinern.

2 Die Butter in einem Topf erhitzen und die Zwiebel darin andünsten. Den Topinambur kurz mitdünsten. Die Brühe angießen und den Topinambur bei mittlerer Hitze etwa 20 Minuten weich garen. Die Zutaten mit dem Stabmixer pürieren, mit Salz, Pfeffer und Muskatnuss abschmecken.

3 Die Walnüsse in einer kleinen Pfanne ohne Fett rösten und grob hacken. Die Suppe auf vier Teller oder Schälchen verteilen und zusammen mit den Walnüssen und jeweils 1 Klecks Schmand servieren.

Topinambur

Diese feine Suppe passt wunderbar zu einem festlichen Menü, dafür reichen etwa 150 ml pro Person. Topinambur ist aufgrund des Kohlenhydrats Inulin sehr sättigend und etwas schwer verdaulich. Wer mag, ersetzt einen Teil des Topinamburs durch Kartoffeln.

URKOHLSUPPE

1 Die Zwiebel und den Knoblauch schälen und fein würfeln. Die Paprikaschote längs halbieren, entkernen, waschen und in feine Streifen schneiden. Den Kohl putzen, waschen, ebenfalls in Streifen schneiden. Die Möhre und den Sellerie putzen, schälen und ebenfalls in feine Streifen schneiden.

2 Die Korianderkörner und den Kümmel im Mörser zerstoßen. Das Butterschmalz in einem Topf erhitzen, die Zwiebel, den Knoblauch und die Koriander-Kümmel-Mischung darin andünsten. Das Gemüse bis auf die Paprika kurz mitdünsten. Die Brühe angießen und alles bei mittlerer Hitze 20 Minuten zugedeckt köcheln lassen. Nach 15 Minuten die Paprikastreifen dazugeben.

3 Die Suppe mit Salz und Pfeffer abschmecken, auf vier Teller verteilen und servieren.

Zutaten für 4 Personen

1 Zwiebel
1 Knoblauchzehe
1 gelbe Paprikaschote
¼ Urkohl (ca. 400 g; oder
Weißkohl)
1 Möhre
50 g Knollensellerie
1 TL Korianderkörner
½ TL ganzer Kümmel
1 EL Butterschmalz
1 l Rinderbrühe
Salz · Pfeffer aus
der Mühle

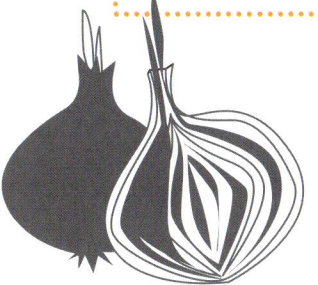

GRAUPENSUPPE AUF DREIERLEI ART

Zutaten für je 4 Personen

... mit Pfifferlingen

1 Zwiebel
1 Knoblauchzehe
2–3 Möhren
1 kleine Stange Lauch
80 g durchwachsener Speck
(in Würfeln)
150 g Graupen
1½ l Rinderbrühe
Salz · Pfeffer aus der Mühle
1 Bund Petersilie
1 EL Butterschmalz
300 g Pfifferlinge

... asiatisch mit Ente

1 Entenbrustfilet
1 Zwiebel
1 Knoblauchzehe · 1 Möhre
1 Paprikaschote
1 kleine Stange Lauch
1 Chilischote
1 Stängel Zitronengras
1 Stück Ingwer (2 cm)
3 EL Sesamöl · 150 g Graupen
1,2 l Gemüsebrühe
300 ml Kokosmilch
Salz · Pfeffer aus der Mühle

... mit Herbstgemüse

1 Zwiebel
1 Knoblauchzehe
120 g Knollensellerie
1 Petersilienwurzel
2 Möhren
1 kleine Stange Lauch
2 EL Olivenöl
150 g Graupen
1½ l Gemüsebrühe
Salz · Pfeffer aus der Mühle

... MIT PFIFFERLINGEN

1 Zwiebel, Knoblauch, Möhren und Lauch schälen bzw. putzen und waschen. Fein würfeln, Lauch in Ringe schneiden. Speck in einer Pfanne ohne Fett knusprig anbraten. Gemüse kurz mitdünsten. Graupen und Brühe hinzufügen, 30 Minuten köcheln lassen. Mit Salz und Pfeffer abschmecken.

2 Die Petersilie waschen und trocken schütteln, die Blätter abzupfen und fein hacken. Die Pfifferlinge putzen und in Butterschmalz braten. Mit Salz und Pfeffer würzen und mit der Petersilie mischen. Die Suppe mit der Pfifferling-Petersilien-Mischung servieren.

... ASIATISCH MIT ENTE

1 Den Backofen auf 95 °C vorheizen. Die Entenbrust waschen, trocken tupfen und die Haut rautenförmig einschneiden. In einer Pfanne ohne Fett auf der Hautseite knusprig braten. Herausnehmen und im Ofen garen, bis eine Kerntemperatur von 60 °C erreicht ist.

2 Zwiebel, Knoblauch, Möhre, Paprika und Lauch putzen, waschen und fein würfeln bzw. in Ringe schneiden. Die Chilischote längs halbieren, entkernen, waschen und fein würfeln, das Zitronengras putzen und mit dem Messerrücken anklopfen. Den Ingwer schälen und fein reiben.

3 Das Öl in einem Topf erhitzen und das Gemüse darin andünsten. Graupen, Brühe und Kokosmilch hinzufügen, bei mittlerer Hitze 30 Minuten köcheln lassen. Mit Salz und Pfeffer abschmecken. Entenbrust längs halbieren, in feine Scheiben schneiden. In der Suppe servieren.

... MIT HERBSTGEMÜSE

Zwiebel, Knoblauch und das Gemüse schälen bzw. putzen, waschen und in feine Würfel schneiden. In Olivenöl anbraten, die Graupen und die Brühe hinzufügen. Die Suppe 30 Minuten köcheln lassen, mit Salz und Pfeffer abschmecken und servieren.

ASIASUPPE MIT SHIITAKE-PILZEN, ALGEN & TOFU

Zutaten für 4 Personen

Für die Suppe:
Saft von ½ Bio-Limette
2 TL milde Sojasauce
1 l Hühnerbrühe
150 g Shiitake-Pilze
100 g Knollenziest (ersatzweise
schwarzer Rettich oder
Möhren)
1 Chilischote
1 Stück Ingwer (1 cm)
100 g Räuchertofu
2 EL Sesamöl
150 g Ramen-Nudeln
20 g Kizami-Nori

Außerdem:
1 Bund Thaibasilikum
(oder Koriander)

1 Für die Suppe den Limettensaft zusammen mit der Sojasauce und der Brühe in einem Topf aufkochen. Dann die Hitze reduzieren.

2 Die Shiitake-Pilze mit einem Pinsel putzen und in Streifen schneiden. Den Knollenziest mit der Gemüsebürste gründlich unter fließendem Wasser reinigen. Die Chilischote längs halbieren, entkernen, waschen und in sehr feine Streifen schneiden. Den Ingwer schälen, ebenfalls in feine Streifen schneiden.

3 Den Räuchertofu in Würfel schneiden. Das Öl in einer kleinen Pfanne erhitzen und den Tofu darin rundum bei starker Hitze anbraten. Tofuwürfel, Pilze, Knollenziest, Chilischote und den Ingwer zusammen mit den Ramen-Nudeln und den Nori-Streifen in die heiße Suppe geben und 5 Minuten köcheln lassen.

4 Das Basilikum waschen und trocken schütteln. Die Blätter abzupfen und grob hacken. Die Suppe auf vier Schalen verteilen und mit Basilikum bestreut servieren.

Ramen & Kizami-Nori

Ramen-Nudeln sind japanische Nudeln aus Weizenmehl, die vorwiegend in Suppen verwendet werden. Kizami-Nori sind geschnittene Algen, man bekommt sie im Asialaden. Sie eignen sich auch gut als Garnitur für Asiasalate.

BOHNENSUPPE ITALIENISCHE ART & MIT KNUSPERKARTOFFELN

Zutaten für je 4 Personen

… italienische Art mit Pasta, Speck & Salbei

Für die Suppe:
200 g gegarte weiße Bohnen
100 g durchwachsener Speck
2 Zwiebeln
2 Knoblauchzehen
1 l Gemüse- oder
Hühnerbrühe
3 Möhren
80 g Ditali (oder kurze Nudeln)
Salz · Pfeffer aus der Mühle

Für den frittierten Salbei:
16 Salbeiblätter
50 ml Olivenöl

Außerdem:
50 g geriebener Parmesan

… mit Knusperkartoffeln

Für die Suppe:
500 g gegarte weiße Bohnen
2 Zwiebeln · 2 Knoblauch-
zehen · 1 EL Olivenöl
8 Zweige Thymian
1 l Gemüse- oder
Hühnerbrühe
Salz · Pfeffer aus der Mühle

Für die Kartoffeln:
100 g durchwachsener Speck
300 g festkochende Kartoffeln
100 ml Olivenöl

… ITALIENISCHE ART MIT PASTA, SPECK & SALBEI

1 Für die Suppe die Bohnen auf einem Sieb abbrausen und abtropfen lassen. Den Speck fein würfeln. Die Zwiebeln und den Knoblauch schälen und fein würfeln. Den Speck in einem Topf erhitzen, Zwiebeln und Knoblauch dazugeben und kurz mitdünsten. Mit der Brühe aufgießen und aufkochen.

2 Die Möhren putzen, schälen und in mundgerechte Stücke schneiden. In die Brühe geben und bei mittlerer Hitze 15 Minuten weich garen. Die Bohnen in die Suppe geben und die Hitze reduzieren.

3 Die Nudeln in kochendem Salzwasser nach Packungsangabe bissfest garen. Inzwischen für den frittierten Salbei die Salbeiblätter waschen und trocken tupfen. Das Olivenöl in einer Pfanne erhitzen und den Salbei darin knusprig ausbraten.

4 Abgießen und zur Suppe geben. Mit Salz und Pfeffer abschmecken. Die Suppe auf vier Teller verteilen und mit geriebenem Parmesan und den Salbeiblättern servieren.

… MIT KNUSPERKARTOFFELN

1 Für die Suppe die Bohnen abbrausen und abtropfen lassen. Die Zwiebeln und den Knoblauch schälen und fein würfeln. Das Olivenöl in einem Topf erhitzen, Zwiebeln und Knoblauch darin andünsten. Den Thymian waschen und trocken schütteln. Vier Zweige mit den Bohnen in den Topf geben, den Rest beiseitelegen. Die Brühe angießen und etwa 10 Minuten köcheln lassen.

2 Für die Kartoffeln den Speck würfeln. Die Kartoffeln schälen, waschen und in kleine Würfel schneiden. Das Öl in einer Pfanne erhitzen, Speck und Kartoffeln mit den Blättchen der restlichen Thymianzweige darin knusprig ausbraten. Die Thymianzweige aus der Suppe entfernen, diese grob pürieren. Salzen, pfeffern und mit den Kartoffel-Speck-Würfeln servieren.

MUSCHELSUPPE MIT WEISSWEIN & MIT CURRY-KOKOSMILCH

Für jeweils 4 Personen

... mit Weißwein

500 g Miesmuscheln
500 g Venusmuscheln
2 Möhren
1 Stange Lauch
2 Stangen Staudensellerie
2 EL Öl
150 ml trockener Weißwein
1,2 l Fischbrühe
1 TL Paprikapulver
(edelsüß)

... mit Curry-Kokosmilch

500 g Miesmuscheln
500 g Venusmuscheln
2 Möhren
1 Stange Lauch
4 Frühlingszwiebeln
3 EL Öl
150 ml trockener Weißwein
1 l Fischbrühe
200 ml Kokosmilch
3 TL grünes Currypulver
(ersatzweise mildes Currypulver)
Salz
Saft von 1 Limette

... MIT WEISSWEIN

1 Die Muscheln unter fließendem kaltem Wasser waschen, putzen und die Bärte entfernen. Geöffnete oder beschädigte Muscheln aussortieren und wegwerfen. Die Muscheln auf einem Sieb abtropfen lassen.

2 Die Möhren putzen, schälen und in feine Stifte schneiden. Den Lauch putzen, längs einschneiden, waschen und in schmale Ringe schneiden. Den Sellerie putzen, waschen und in sehr feine Streifen schneiden.

3 Das Öl in einem großen Topf erhitzen und das Gemüse darin andünsten. Die Muscheln dazugeben, mit Wein und Brühe ablöschen. Mit Paprikapulver würzen und zugedeckt bei mittlerer Hitze 5 bis 10 Minuten garen, bis sich die Muscheln geöffnet haben und das Gemüse bissfest ist. Geschlossene Muscheln entfernen.

4 Die Suppe auf vier Tellern oder Schalen anrichten und sofort servieren.

... MIT CURRY-KOKOSMILCH

1 Die Muscheln, die Möhren und den Lauch wie oben beschrieben vorbereiten. Die Frühlingszwiebeln putzen, waschen und in feine Ringe schneiden.

2 Das Öl in einem Topf erhitzen und das Gemüse darin andünsten. Die Muscheln, den Wein, die Brühe und die Kokosmilch dazugeben, mit Currypulver, Salz und Limettensaft würzen und zugedeckt bei mittlerer Hitze 5 bis 10 Minuten garen, bis sich die Muscheln geöffnet haben und das Gemüse bissfest ist. Geschlossene Muscheln aussortieren und wegwerfen. Die Suppe sofort servieren.

RINDSCONSOMMÉ MIT RICOTTA-PARMESAN-KLÖSSCHEN

1 Für die Suppe die Zwiebeln mit der Schale halbieren. Die Möhre, den Sellerie und die Petersilienwurzel putzen, schälen und in Stücke schneiden. Den Lauch putzen, längs halbieren, waschen und in Ringe schneiden.

2 Die Pfefferkörner im Mörser zerstoßen. Mit dem Hackfleisch, den Zwiebeln, dem Gemüse, den Eiweißen, dem Lorbeerblatt, 1 EL Salz und 2 l kaltem Wasser in einen Topf geben und alles langsam bis knapp unter den Siedepunkt erhitzen (nicht kochen!), dabei hin und wieder umrühren. Bei schwacher Hitze 2 Stunden ziehen lassen, bis das Fleisch und das Gemüse an der Oberfläche schwimmen.

3 Die Rindsconsommé durch ein Sieb in einen anderen Topf abgießen. Bei mittlerer Hitze etwa 40 Minuten auf etwa 1 Liter einkochen lassen.

4 Für die Ricotta-Parmesan-Klößchen den Schnittlauch waschen, trocken schütteln und in feine Röllchen schneiden. Den Ricotta in einem sauberen Küchentuch gut ausdrücken und in eine Schüssel geben. Den Parmesan fein reiben. Schnittlauch, Eigelb, Parmesan, Mehl und etwas Salz und Pfeffer gut mit dem Ricotta verkneten. Aus der Masse mit angefeuchteten Händen kleine Klößchen formen und in der heißen Consommé etwa 5 Minuten garen.

5 Die Suppe mit den Ricotta-Parmesan-Klößchen auf Teller verteilen und servieren.

Zutaten für 4 Personen

Für die Suppe:
2 Zwiebeln
1 Möhre
50 g Knollensellerie
1 Petersilienwurzel
50 g Lauch
1 TL schwarze Pfefferkörner
1½ kg Rinderhackfleisch
5 Eiweiß
1 Lorbeerblatt
Salz

Für die Ricotta-Parmesan-Klößchen:
1 Bund Schnittlauch
250 g Ricotta
30 g Parmesan
1 Eigelb
100 g Mehl
Salz · Pfeffer aus der Mühle

KÜRBIS-HÄHNCHEN-SUPPE ZWEIMAL ANDERS

Zutaten für je 4 Personen

... mit Minzjoghurt

Für die Suppe:
400 g Butternut-Kürbis
2 Zwiebeln · 2 Knoblauchzehen
1 Stange Staudensellerie
2 Möhren
1 rote Chilischote
2 TL Kreuzkümmelsamen
2 TL Korianderkörner
½ TL Zimtpulver
1 Hähnchenbrustfilet
4 EL Öl · Salz
1 l Hühnerbrühe
Pfeffer aus der Mühle

Für den Minzjoghurt:
1 Bund Minze
200 g Naturjoghurt · Salz

Außerdem:
½ Granatapfel

... mit Kartoffeln & Ingwer

400 g Butternut-Kürbis
2 Zwiebeln · 2 Knoblauchzehen
300 g festkochende Kartoffeln
2 TL Kreuzkümmelsamen
2 TL Korianderkörner
1 Stück Ingwer (2 cm, gerieben) · ½ TL Zimtpulver
350 g Hähnchenbrustfilet
4 EL Öl · Salz
1 l Hühnerbrühe
Pfeffer aus der Mühle

... MIT MINZJOGHURT

1 Für die Suppe den Kürbis schälen und die Kerne mit einem Löffel entfernen. Das Kürbisfleisch in mundgerechte Würfel schneiden. Zwiebeln und Knoblauch schälen und fein würfeln. Sellerie und Möhren putzen und in Scheiben schneiden.

2 Die Chilischote längs halbieren, entkernen, waschen und fein würfeln. Den Kreuzkümmel und die Korianderkörner im Mörser zerstoßen, mit der Chilischote und dem Zimt mischen. Das Hähnchenbrustfilet waschen, trocken tupfen und in mundgerechte Stücke schneiden. Mit der Hälfte der Würzmischung vermengen.

3 In einem großen Topf 2 EL Öl erhitzen. Die Hähnchenwürfel darin rundum anbraten, mit Salz würzen und beiseitestellen. Das restliche Öl in einem anderen Topf erhitzen. Zwiebeln, Knoblauch, Sellerie und Möhren darin andünsten. Den Rest der Würzmischung, das Fleisch und den Kürbis hinzufügen, mit der Brühe aufgießen und etwa 10 Minuten köcheln lassen. Mit Salz und Pfeffer abschmecken.

4 Für den Minzjoghurt die Minze waschen, trocken schütteln und grob hacken. Mit Joghurt und etwas Salz verrühren. Die Kerne aus dem Granatapfel klopfen. Die Suppe mit Minzjoghurt und Granatapfelkernen servieren.

... MIT KARTOFFELN & INGWER

1 Kürbis, Zwiebeln und Knoblauch vorbereiten, wie oben beschrieben. Die Kartoffeln schälen, waschen und in Würfel schneiden. Kreuzkümmel und Koriander im Mörser zerstoßen, mit Ingwer und Zimt mischen.

2 Das Hähnchenbrustfilet waschen, trocken tupfen und in Würfel schneiden. Mit der Hälfte der Würzmischung vermengen. Weiter, wie oben in Schritt 3 beschrieben, die Kartoffeln mit den Zwiebeln und dem Knoblauch andünsten.

KLARE PILZSUPPE MIT PARMESANCHIPS

Zutaten für 4 Personen Ⓥ

Für die Suppe:
150 g Kräuterseitlinge
100 g braune Champignons
2 Zwiebeln
3 Knoblauchzehen
3 kleine Möhren
½ Stange Lauch
2 EL Olivenöl
2 Zweige Majoran
3 Stiele Petersilie
Salz · Pfeffer aus der Mühle

Für die Parmesanchips:
200 g Parmesan

1 Für die Suppe die Kräuterseitlinge und die Champignons putzen, die Stielenden abschneiden. Die Pilze in Scheiben schneiden.

2 Die Zwiebeln und den Knoblauch schälen und fein würfeln. Die Möhren putzen, schälen und auf der Gemüsereibe grob raspeln. Den Lauch putzen, längs halbieren, waschen und in feine Ringe schneiden.

3 Das Olivenöl in einem Topf erhitzen, die Zwiebeln, den Knoblauch, die Möhren, den Lauch und die Pilze darin andünsten. Den Majoran und die Petersilie waschen und trocken schütteln. Die Blätter abzupfen, fein hacken und zum Gemüse in den Topf geben. 1 l warmes Wasser angießen, leicht salzen und alles bei mittlerer Hitze etwa 15 Minuten köcheln lassen. Mit Salz und Pfeffer abschmecken.

4 Inzwischen für die Parmesanchips den Backofen auf 200 °C vorheizen. Ein Backblech mit Backpapier belegen. Den Parmesan reiben und kleine Häufchen auf das Backblech setzen. Im Ofen 8 bis 10 Minuten goldbraun backen. Abkühlen lassen und zur Suppe servieren.

Herbstzeit – Pilzzeit

Natürlich kann man diese Suppe auch mit anderen Pilzen zubereiten. Wie wäre es zum Beispiel mit Shiitake- oder Austernpilzen? Wer sich im im Herbst selbst auf die Pilzsuche machen will, nimmt Steinpilze oder Braunkappen.

WEINSÜPPCHEN MIT ZIMT-CROÛTONS

Zutaten für 4 Personen

Für die Suppe:
200 ml Hühnerbrühe
200 ml trockener Weißwein
(z.B. Grüner Veltliner oder
Weißburgunder)
60 g Weißbrot (entrindet)
2 Eigelb
250 g Sahne
frisch geriebene Muskatnuss
Salz · Pfeffer aus der Mühle
Zucker

Für die Zimt-Croûtons:
2 Scheiben Toastbrot
1 EL Butter
1 TL Zimtpulver
Salz

1 Für die Suppe die Brühe und den Wein in einem großen Topf erhitzen. Das Weißbrot klein schneiden und dazugeben. In einer Tasse die Eigelbe mit der Sahne glatt verrühren, unter Rühren in die heiße Suppe geben und diese mit dem Stabmixer schaumig aufschlagen (die Suppe darf nicht kochen!). Mit Muskatnuss, Salz, Pfeffer und Zucker abschmecken.

2 Für die Zimt-Croûtons das Toastbrot entrinden und in etwa 1 cm große Würfel schneiden. Die Butter in einer Pfanne erhitzen und die Brotwürfel darin knusprig anbraten. Mit Zimt und Salz bestreuen.

3 Die Suppe auf vier Teller oder Schalen verteilen. Mit den Croûtons und der steif geschlagenen Sahne servieren.

Mein Praxis-Tipp

Verwenden Sie für die Suppe einen Weißwein, den Sie auch gerne trinken. Wer keine frischen Eier im Haus hat, kann die Suppe auch mit etwas Speisestärke andicken (in 1 EL kalte Flüssigkeit einrühren und dann kurz aufkochen).

HOLUNDERSUPPE MIT SCHNEE-EIERN

1 Für die Suppe die Holunderbeeren mit einer Gabel vorsichtig von den Dolden zupfen (am besten mit Handschuhen arbeiten; Kleidung und empfindliche Arbeitsflächen schützen). Auf einem Sieb abbrausen und abtropfen lassen.

2 Die Beeren mit 100 ml Wasser in einem Topf aufkochen und etwa 10 Minuten köcheln lassen. In ein mit einem Mulltuch oder Küchenpapier ausgelegtes großes Sieb abgießen und mehrere Stunden abtropfen lassen. Die Beeren im Tuch eindrehen und gut ausdrücken.

3 Den Holundersaft, 400 ml Wasser und den Zucker in einem Topf unter Rühren aufkochen. So lange rühren, bis sich der Zucker aufgelöst hat. Vom Herd nehmen und etwas abkühlen lassen.

4 Für die Schnee-Eier die Eier trennen. Die Eiweiße in einer hohen Rührschüssel mit 1 Prise Salz und dem Zucker sehr steif schlagen.

5 In einem breiten Topf ½ l Wasser erhitzen. Mit einem Esslöffel vom Eischnee Nocken abstechen und auf das heiße Wasser setzen. Bei kleiner Hitze 5 bis 6 Minuten ziehen lassen, dabei zwischendurch mithilfe eines Esslöffels umdrehen.

6 Die Schnee-Eier mit der Schaumkelle aus dem Wasser heben und gut abtropfen lassen. Die Holundersuppe lauwarm oder kalt mit den Schnee-Eiern servieren.

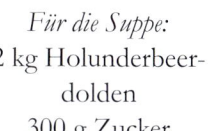

Zutaten für 4 Personen

Für die Suppe:
2 kg Holunderbeer-
dolden
300 g Zucker

Für die Schnee-Eier:
4 Eier
Salz
60 g Zucker

Saft lagern

Am besten gleich etwas mehr Holundersaft machen, denn er lässt sich auch für Desserts oder Erfrischungsgetränke verwenden. Heiß in saubere Flaschen abfüllen, luftdicht verschließen und an einem kühlen Ort aufbewahren.

ZWETSCHGENSUPPE MIT MARZIPAN-MASCARPONECREME

Zutaten für 4 Personen

Für die Suppe:
500 g Zwetschgen
75 g Puderzucker
400 ml Rotwein
200 ml Portwein
2 Kardamomkapseln
1 Zimtstange
3 Gewürznelken
1 Sternanis

Für die Marzipan-Mascarponecreme:
100 ml Milch
100 g Marzipanrohmasse
200 g Mascarpone
50 g Mandelblättchen

1 Die Zwetschgen waschen, entsteinen und vierteln. Den Puderzucker in einem großen Topf schmelzen, bis er flüssig ist und sich hellbraun färbt. Dann sofort die Zwetschgen dazugeben und mit Rot- und Portwein aufgießen. Die Gewürze in einen Einwegteebeutel füllen und dazugeben. Die Zwetschgen etwa 10 Minuten weich köcheln lassen.

2 Die Gewürze aus der Suppe entfernen. Die Hälfte der Suppe herausnehmen und fein pürieren. Nach Belieben durch ein feines Sieb streichen und wieder zur anderen Suppe geben.

3 Die Milch in einem Topf erhitzen (nicht kochen lassen). Das Marzipan auf der Gemüsereibe reiben und unter Rühren in der Milch auflösen. Etwas abkühlen lassen und den Mascarpone unterziehen.

4 Die Mandelblättchen in einer trockenen Pfanne goldbraun rösten. Die Suppe auf vier Teller oder Schalen verteilen, jeweils etwas Marzipan-Mascarponecreme daraufsetzen und die Suppe mit den Mandelblättchen bestreuen.

Mein Praxis-Tipp

Die Zwetschgen kann man auch durch Äpfel oder Birnen ersetzen. Schneller geht's mit 1 Kugel Vanilleeis anstelle der Marzipan-Mascarponecreme.

WINTER

*Im Winter schätzen wir die wärmende
Wirkung einer Suppe ganz besonders.
Warum also nicht eine Suppe mit deftigen
Einlagen oder Hülsenfrüchten anreichern
und sie die Hauptrolle spielen lassen?
Als edle Begleiter eines Menüs
eignen sich Suppen aus Roter Bete,
Maronen, Wurzelgemüse
oder Zitrusfrüchten.*

CHIOGGIA-RÜBEN-SUPPE MIT FORELLE & ROTE-BETE-SUPPE

Zutaten für je 4 Personen

Chioggia-Rüben-Suppe mit Forelle

Für die Suppe:
400 g Chioggia-Rüben
(ersatzweise Rote Beten)
1 Zwiebel · 1 EL Öl
1 l Gemüsebrühe
Salz · Pfeffer aus der Mühle
100 g Räucherforellenfilet

Für die Meerrettichcreme:
100 g Sahne
1 Stück Meerrettichwurzel
(10 cm)
50 g Crème fraîche · Salz

Für die Chioggia-Chips:
1 Chioggia-Rübe
Fett zum Frittieren · Salz

Rote-Bete-Suppe mit Orange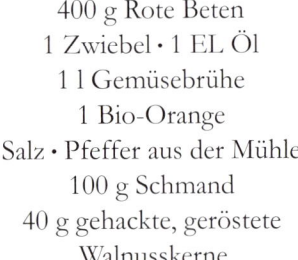

400 g Rote Beten
1 Zwiebel · 1 EL Öl
1 l Gemüsebrühe
1 Bio-Orange
Salz · Pfeffer aus der Mühle
100 g Schmand
40 g gehackte, geröstete
Walnusskerne

CHIOGGIA-RÜBEN-SUPPE MIT FORELLE

1 Für die Suppe die Rüben schälen (am besten mit Handschuhen) und zerkleinern. Die Zwiebel schälen und grob würfeln. Das Öl in einem Topf erhitzen und die Zwiebel darin andünsten. Die Rüben kurz mitdünsten. Die Brühe angießen und die Rüben bei mittlerer Hitze etwa 30 Minuten weich garen.

2 Inzwischen für die Meerrettichcreme die Sahne steif schlagen. Den Meerrettich schälen und fein reiben. Mit der Crème fraîche verrühren, mit Salz würzen und unter die Sahne ziehen.

3 Für die Chips die Rübe unter fließendem Wasser mit einer Bürste putzen. Mit Schale in hauchdünne Scheiben hobeln und trocken tupfen. Das Fett in der Fritteuse oder in einem Topf auf 180 °C erhitzen (die Temperatur ist erreicht, wenn sich um einen Kochlöffelstiel Bläschen bilden). Die Rüben portionsweise frittieren, bis die Scheiben an die Oberfläche steigen und etwas Farbe annehmen, dabei ab und zu umrühren. Herausnehmen, auf Küchenpapier abtropfen lassen und sofort salzen.

4 Die Suppe mit dem Stabmixer fein pürieren, mit Salz und Pfeffer abschmecken. Das Räucherforellenfilet zerzupfen und in der Suppe erwärmen. Mit der Meerrettichcreme und Chips servieren. Übrige Chips extra reichen.

ROTE-BETE-SUPPE MIT ORANGE

1 Die Roten Beten schälen und klein schneiden. Die Zwiebel schälen und grob würfeln. Das Öl in einem Topf erhitzen und die Zwiebel darin andünsten. Die Roten Beten und die Brühe dazugeben und etwa 30 Minuten weich garen.

2 Die Orange waschen, trocken reiben und die Hälfte der Schale fein abreiben. Die Orange schälen, filetieren und die Filets mit der abgeriebenen Schale in die Suppe geben. Mit dem Stabmixer pürieren, mit Salz und Pfeffer würzen. Die Suppe mit 1 Klecks Schmand und den Nüssen bestreut servieren.

CREMIGE WINTERSUPPE MIT DREIERLEI WURZELGEMÜSE

Zutaten für 4 Personen

Für die Suppe:
1 Zwiebel
1 Knoblauchzehe
200 g Pastinaken
100 g Petersilienwurzeln
200 g Topinambur
1 EL Butter
1 l Gemüsebrühe
1 Lorbeerblatt
250 g Sahne
Salz • Pfeffer aus der Mühle

Außerdem:
4 dünne Scheiben
durchwachsener Speck

1 Für die Suppe die Zwiebel und den Knoblauch schälen und grob würfeln. Die Pastinaken, die Petersilienwurzeln und den Topinambur putzen und schälen, 1 Topinamburknolle in feine Scheiben schneiden und beiseitelegen. Das restliche Gemüse klein schneiden.

2 Die Butter in einem Topf erhitzen, die Zwiebel und den Knoblauch darin andünsten. Das Wurzelgemüse kurz mitdünsten und mit der Brühe aufgießen. Das Lorbeerblatt und 100 g Sahne hinzufügen und das Gemüse bei mittlerer Hitze etwa 30 Minuten weich garen.

3 Inzwischen den Speck in einer Pfanne ohne Fett knusprig ausbraten. Herausnehmen und auf Küchenpapier abtropfen lassen.

4 Das Lorbeerblatt aus der Suppe nehmen. Die Suppe mit dem Stabmixer pürieren und mit Salz und Pfeffer abschmecken. Die beiseitegelegten Topinamburscheiben hinzufügen und 5 Minuten in der Suppe ziehen lassen.

5 Die restliche Sahne halb steif schlagen. Die Suppe auf vier Teller verteilen, mit den Speckscheiben und der halbfesten Sahne servieren.

MUNG-DAL-SUPPE & LINSEN-DAL-SUPPE

Zutaten für je 4 Personen

Mung-Dal-Suppe

200 g halbe, geschälte
Mungobohnen (Mung-Dal-
Bohnen)
Salz
1 TL brauner Zucker
150 g Tomatenstücke
(aus der Dose)
1 grüne Chilischote
1 Stück Ingwer (2 cm)
2 EL Ghee (oder Butter-
schmalz)
1 TL schwarze Senfkörner
2 TL Kreuzkümmelsamen
1 Msp. Asafoetidapulver
(oder Knoblauchpulver)
1½ TL gemahlene Kurkuma
1 l Gemüsebrühe
½ Bund Koriander

Linsen-Dal-Suppe

200 g rote Linsen
1 Knoblauchzehe
1 Stück Ingwer (2 cm)
2 EL Öl
1 Msp. Chilipulver
½ TL gemahlene Kurkuma
2 TL Kreuzkümmelsamen
1 TL Bockshornkleesamen
Salz
5 Stiele Petersilie
60 g saure Sahne

MUNG-DAL-SUPPE

1 Die Mungobohnen auf einem Sieb kalt abbrausen. In einem Topf 1½ l Wasser aufkochen und die Bohnen darin zugedeckt bei mittlerer Hitze 30 bis 40 Minuten garen, anschließend abgießen. Mit etwas Salz, dem Zucker und den Tomaten zu den Bohnen geben.

2 Die Chilischote längs halbieren, entkernen, waschen und in feine Ringe schneiden. Den Ingwer schälen und fein reiben. Das Ghee in einer kleinen Pfanne erhitzen, die Chiliringe mit den Senfkörnern und dem Kreuzkümmel darin andünsten. Ingwer, Asafoetidapulver und Kurkuma kurz mitdünsten. Die Gewürzmischung und die Brühe zu den Bohnen geben.

3 Den Koriander waschen, trocken schütteln und die Blätter fein hacken. Die Suppe auf vier Schälchen verteilen und mit dem Koriander bestreut servieren.

LINSEN-DAL-SUPPE

1 In einem Topf 800 ml Wasser aufkochen und die Linsen darin zugedeckt bei mittlerer Hitze etwa 10 Minuten garen.

2 Den Knoblauch schälen und durch die Presse drücken. Den Ingwer schälen und fein reiben. Das Öl in einer kleinen Pfanne erhitzen, die Gewürze darin andünsten. Den Knoblauch und den Ingwer dazugeben und dünsten. Die Gewürzmischung zu den Linsen geben und mit Salz abschmecken.

3 Die Petersilie waschen, trocken schütteln und die Blätter fein hacken. Die Linsen auf vier Schälchen verteilen und mit der sauren Sahne und der Petersilie garniert servieren.

BLUMENKOHLSUPPE MIT KALBFLEISCH & NUDELN

1 Für die Suppe das Kalbfleisch waschen und trocken tupfen. Den Sellerie und die Möhren putzen, schälen und klein schneiden. Das Fleisch und den Sellerie mit 1½ l kaltem Wasser in einen großen Topf geben. Mit dem Wein, Salz und den Gewürzen bei mittlerer Hitze offen mindestens 1½ Stunden offen köcheln lassen. Das Fleisch herausnehmen und in kleine Stücke schneiden. Den Fond durch ein feines Sieb abgießen und beiseitestellen.

2 Den Blumenkohl putzen, waschen und in Röschen zerteilen. Die Schalotten schälen und fein würfeln. Die Butter in einem großen Topf erhitzen und die Schalotten darin andünsten. Den Blumenkohl dazugeben und mit dem Kalbsfond (etwa 1 l) aufgießen. Zugedeckt bei mittlerer Hitze 10 bis 12 Minuten bissfest garen.

3 Die Nudeln nach Packungsangabe in kochendem Salzwasser bissfest garen.

4 Die Salbeiblätter waschen und trocken tupfen. Das Olivenöl in einer kleinen Pfanne erhitzen und die Salbeiblätter darin knusprig anbraten. Herausnehmen und auf Küchenpapier abtropfen lassen.

5 Das Kalbfleisch kurz in der Suppe erwärmen, mit Salz und Pfeffer abschmecken. Die Suppe und die Nudeln auf vier Teller oder Schälchen verteilen und mit den Salbeiblättern garniert servieren.

Zutaten für 4 Personen

Für die Suppe:
350 g Kalbfleisch (aus der Schulter)
300 g Knollensellerie
2–3 Möhren
200 ml Weißwein
Salz
5 schwarze Pfefferkörner
2 Lorbeerblätter
1 Blumenkohl (ca. 1 kg)
2 Schalotten
2 EL Butter

Außerdem:
120 g kleine Ohrnudeln (Orcchictte) · Salz
12 große Salbeiblätter
1 EL Olivenöl
Pfeffer aus der Mühle

MARONEN-CAPPUCCINO & MARONENSUPPE MIT PASTINAKE

Maronen-Cappuccino

Für die Suppe:
100 g Lauch
1 EL Butter
400 g Maronen (vorgegart)
100 ml Weißwein
1 l Gemüsebrühe
200 g Sahne
200 ml Milch

Außerdem:
Steinpilz-Fleur-de-Sel
(oder 25 g geriebene Zartbitterschokolade)

Maronensuppe
mit Pastinake

1 Zwiebel
1 Knoblauchzehe
200 g Pastinaken
300 g Maronen (vorgegart)
1 EL Butter
1 l Gemüsebrühe
125 g Sahne
Salz · Pfeffer aus
der Mühle

MARONEN-CAPPUCCINO

1 Für die Suppe den Lauch putzen, längs halbieren, waschen und in feine Ringe schneiden. Die Butter in einem Topf erhitzen und den Lauch darin andünsten.

2 Die Maronen grob hacken und kurz mitdünsten. Mit dem Wein und der Brühe aufgießen und bei mittlerer Hitze etwa 10 Minuten garen. Die Suppe mit dem Stabmixer fein pürieren.

3 Die Sahne unterrühren und in der Suppe erwärmen. Die Milch in einem kleinen Topf erhitzen und mit dem Milchschäumer oder dem Quirl aufschäumen.

4 Die Suppe auf vier Teller verteilen. Mit dem Milchschaum servieren und die Suppe mit dem Fleur de Sel oder der Schokolade bestreut servieren.

MARONENSUPPE MIT PASTINAKE

1 Die Zwiebel und den Knoblauch schälen und grob würfeln. Die Pastinaken putzen, schälen, waschen und in Scheiben schneiden. Die Maronen in Stücke schneiden.

2 Die Butter in einem großen Topf erhitzen, die Zwiebeln und den Knoblauch darin andünsten. Die Pastinaken und die Maronen kurz mitdünsten. Die Brühe angießen und alles zugedeckt bei mittlerer Hitze etwa 20 Minuten köcheln lassen.

3 Die Hitze reduzieren und die Sahne angießen. Alle Zutaten mit dem Stabmixer fein pürieren. Mit Salz und Pfeffer abschmecken. Die Suppe auf vier Teller oder Schälchen verteilen und servieren.

WIRSINGSUPPE MIT ZWIEBELPESTO

Zutaten für 4 Personen

Für die Suppe:
500 g Wirsing
Salz
1 Zwiebel
1 EL Butter
100 ml Weißwein
1 l Rinderbrühe
Pfeffer aus der Mühle
1 Msp. frisch geriebene
Muskatnuss

Für das Zwiebelpesto:
1 große Zwiebel
1 EL Olivenöl
2 Scheiben Toastbrot
½ Bund Petersilie

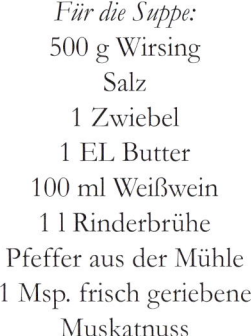

Pesto auf Vorrat

Wer mag, stellt vom Zwiebelpesto gleich eine größere Menge her. Es schmeckt auch auf geröstetem Brot oder in Eintöpfen mit Lamm oder Rind. Man kann es aber auch zu gebratenem Fleisch oder kaltem Braten servieren. Zum Aufbewahren in saubere Gläser füllen und mit Olivenöl bedecken.

1 Für die Suppe den Wirsing waschen, vierteln und den Strunk herausschneiden. Die dicken Blattrippen entfernen und die Blätter in ½ cm breite Streifen schneiden.

2 In einem großen Topf Salzwasser aufkochen und den Wirsing darin 2 Minuten blanchieren. In ein Sieb abgießen, kalt abschrecken und abtropfen lassen.

3 Die Zwiebel schälen und fein würfeln. Die Butter in einem großen Topf erhitzen und die Zwiebel darin andünsten. Den Wirsing kurz mitdünsten. Mit dem Wein ablöschen und bei mittlerer Hitze 10 Minuten einkochen lassen. Die Brühe angießen und den Wirsing zugedeckt bei schwacher Hitze etwa 15 Minuten köcheln lassen. Mit Salz, Pfeffer und Muskatnuss abschmecken.

4 Für das Zwiebelpesto die Zwiebel schälen und grob würfeln. Das Olivenöl in einem kleinen Topf erhitzen und die Zwiebel darin andünsten. Vom Herd nehmen und etwas abkühlen lassen.

5 Inzwischen die Toastscheiben entrinden und zerkrümeln. Die Petersilie waschen, trocken schütteln und die Blätter abzupfen. Die Zwiebeln, den Toast und die Petersilie im Blitzhacker fein pürieren.

6 Die Suppe mit dem Zwiebelpesto auf vier Teller oder Schälchen verteilen und servieren.

KARTOFFELSUPPE MIT SENF & RÄUCHERLACHS

1 Für die Suppe die Kartoffeln schälen, waschen und in etwa 2 cm große Würfel schneiden. Den Lauch putzen, längs einschneiden, waschen und in Ringe schneiden.

2 Die Butter in einem großen Topf erhitzen, die Kartoffeln und den Lauch darin andünsten. Die Brühe angießen und das Gemüse zugedeckt bei mittlerer Hitze etwa 40 Minuten garen. Den Senf unterrühren und die Suppe mit dem Stabmixer fein pürieren.

3 Den Dill waschen, trocken tupfen und fein hacken. In einem Schälchen mit der Crème fraîche verrühren. Den Räucherlachs in kleine Stücke schneiden.

4 Die Suppe auf vier Teller oder Schälchen verteilen und mit der Dill-Crème und dem Räucherlachs servieren.

Zutaten für 4 Personen

Für die Suppe:
400 g mehligkochende Kartoffeln
100 g Lauch
2 EL Butter
1,2 l Gemüsebrühe
2 EL körniger Senf

Außerdem:
2 Stiele Dill
100 g Crème fraîche
150 g Räucherlachs

ROSENKOHLSUPPE MIT ÜBERBACKENER CURRYSAHNE

Zutaten für 4 Personen

Für die Suppe:
300 g Rosenkohl
1 Zwiebel
1 EL Butter
600 ml Gemüsebrühe
100 g Sahne
Salz · Pfeffer aus der Mühle
frisch geriebene Muskatnuss

Für die Currysahne:
200 g Sahne
2 EL Currypulver
1 Eigelb

1 Für die Suppe den Rosenkohl putzen, dabei die äußeren Blätter entfernen. Die Röschen waschen. Die Zwiebel schälen und grob würfeln.

2 Die Butter in einem Topf erhitzen und die Zwiebel darin andünsten. Den Rosenkohl kurz mitdünsten, mit der Brühe und der Sahne aufgießen. Bei mittlerer Hitze etwa 15 Minuten weich köcheln lassen. Mit Salz, Pfeffer und Muskatnuss abschmecken. Die Suppe mit dem Stabmixer pürieren und durch ein feines Sieb passieren.

3 Für die Currysahne die Sahne steif schlagen und das Currypulver unterrühren. Das Eigelb verquirlen und unter die Sahne ziehen.

4 Den Backofengrill einschalten. Die Suppe auf vier ofenfeste Gläser oder Schälchen verteilen und jeweils mit etwas Currysahne bedecken. Unter dem Ofengrill hellbraun überbacken und sofort servieren.

Mit würziger Einlage

Anstelle der Currysahne kann man die Rosenkohlsuppe auch mit gebratenen Speckwürfeln oder mit je 1 gehobelten Scheibe Parmesan anrichten.

PARMESANSÜPPCHEN MIT THYMIAN

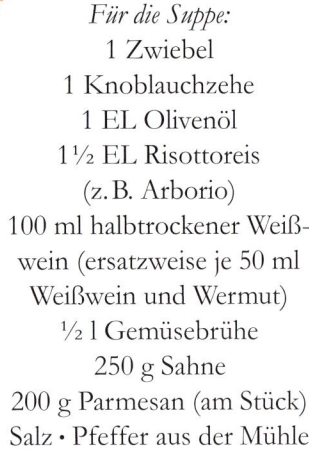

Zutaten für 4 Personen

Für die Suppe:
1 Zwiebel
1 Knoblauchzehe
1 EL Olivenöl
1½ EL Risottoreis
(z. B. Arborio)
100 ml halbtrockener Weißwein (ersatzweise je 50 ml
Weißwein und Wermut)
½ l Gemüsebrühe
250 g Sahne
200 g Parmesan (am Stück)
Salz · Pfeffer aus der Mühle

Außerdem:
4 Zweige Thymian
1 EL Olivenöl

1 Für die Suppe die Zwiebel und Knoblauch schälen und grob würfeln. Das Olivenöl in einem Topf erhitzen, die Zwiebeln und den Knoblauch darin andünsten. Den Risottoreis kurz mitdünsten. Den Wein angießen und offen bei mittlerer Hitze 10 Minuten etwas einkochen lassen.

2 Die Brühe und die Sahne hinzufügen und etwa 15 Minuten köcheln lassen. Den Parmesan fein reiben und unter die Suppe rühren. Alles mit dem Stabmixer pürieren, mit Salz und Pfeffer abschmecken.

3 Den Thymian waschen, trocken tupfen und die Blättchen abzupfen. Das Olivenöl in einer kleinen Pfanne erhitzen und die Blättchen darin knusprig braten.

4 Die Suppe auf vier Teller oder Schälchen verteilen und mit den Thymianblättchen bestreut servieren.

Mein Beilagen-Tipp

Zu dieser Suppe passen auch die Parmesanchips von Seite 100 oder die Blätterteigstangen von Seite 28. Wenn es mal schnell gehen soll, einfach Grissini dazu reichen.

STECKRÜBENSUPPE ZWEIMAL ANDERS

... MIT SPECKBRÖSELN

1 Für die Suppe die Zwiebel schälen und fein würfeln. Die Steckrüben, die Möhre und den Sellerie putzen und schälen, die Kartoffeln schälen und waschen. Von den Steckrüben 100 g beiseitelegen. Die restliche Rübe, die Kartoffeln und die Möhre klein schneiden. Ingwer schälen und in Scheiben schneiden.

2 Die Butter in einem Topf erhitzen und die Zwiebel darin andünsten. Das Gemüse und den Ingwer kurz mitdünsten. Die Brühe angießen und zugedeckt bei mittlerer Hitze etwa 30 Minuten köcheln lassen. Die Sahne angießen und alles fein pürieren. Mit Salz, Pfeffer und Muskatnuss abschmecken.

3 Für die Speckbrösel den Speck in einer Pfanne ohne Fett knusprig anbraten. Herausnehmen, auf Küchenpapier abtropfen lassen und zerbröseln.

4 Die beiseitegelegten Steckrüben in feine Würfel schneiden. Den Thymian waschen, trocken tupfen und die Blättchen abzupfen. Beides in der Pfanne im verbliebenen Fett knusprig braten. Die Suppe mit den Speckbröseln, Steckrübenwürfeln und den Thymianblättchen servieren.

... MIT GERÖSTETEN HASELNÜSSEN

1 Die Suppe zubereiten, wie oben beschrieben. Ebenfalls 100 g Steckrüben beiseitelegen.

2 Die Haselnusskerne in einer Pfanne ohne Fett rösten. Abkühlen lassen und grob hacken. Die beiseitegelegten Steckrüben in Würfel schneiden. Den Thymian waschen, trocken tupfen und die Blättchen abzupfen. Das Olivenöl in einer Pfanne erhitzen und die Thymianblättchen darin knusprig braten. Die Suppe auf vier Teller oder Schälchen verteilen, mit je 1 EL Crème fraîche, den Steckrübenwürfeln, den Nüssen und den Thymianblättchen servieren.

Zutaten für je 4 Personen

... mit Speckbröseln

Für die Suppe:
1 Zwiebel
300 g Steckrüben
1 Möhre
50 g Knollensellerie
100 g vorwiegend fest-
kochende Kartoffeln
1 Stück Ingwer (5 cm)
2 EL Butter
1 l Gemüsebrühe
150 g Sahne
Salz · Pfeffer aus der Mühle
frisch geriebene Muskatnuss

Für die Speckbrösel:
4 dünne Scheiben durchwachsener Speck
4 Zweige Thymian

... mit gerösteten Haselnüssen

Für die Suppe:
Zutaten siehe oben

Für die gerösteten Haselnüsse:
20 g Haselnusskerne
4 Zweige Thymian
2 EL Olivenöl
4 EL Crème fraîche

LINSENSUPPE MIT SALSICCE & MIT WIRSING

Zutaten für je 4 Personen

... mit Salsicce

250 g braune Linsen
1 Zwiebel
2 Knoblauchzehen
200 g Knollensellerie
2–3 Möhren
150 g Lauch
1 Bund Salbei
50 ml Olivenöl
400 g Tomatenstücke
(aus der Dose)
1½ l Gemüsebrühe
4 Salsicce (italienische
Bratwürste)
Salz · Pfeffer aus der Mühle
3 EL Balsamessig

... mit Wirsing & Speck

250 g braune Linsen
1 Zwiebel
2 Knoblauchzehen
250 g Wirsing
2 EL Olivenöl
1½ l Gemüsebrühe
200 g durchwachsener Speck
(in ½ cm dicken Scheiben)
Salz · Pfeffer aus der Mühle
4 EL saure Sahne

... MIT SALSICCE

1 Die Linsen mindestens 3 Stunden, am besten über Nacht, in kaltem Wasser einweichen. Die Zwiebel und den Knoblauch schälen und fein würfeln. Den Sellerie und die Möhren putzen, schälen und in kleine Würfel schneiden. Den Lauch putzen, längs halbieren, waschen und in etwa ½ cm breite Streifen schneiden. Den Salbei waschen, trocken schütteln und die Blätter abzupfen. Die Hälfte der Salbeiblätter fein schneiden.

2 In einem großen Topf 2 EL Olivenöl erhitzen, die Zwiebeln, den Knoblauch und den geschnittenen Salbei darin andünsten. Die Linsen in ein Sieb abgießen, abtropfen lassen und mit den Tomaten dazugeben. Die Brühe angießen und alles zugedeckt etwa 20 Minuten köcheln lassen. Sellerie, Möhren und Lauch dazugeben und weitere 15 Minuten garen.

3 Die Salsicce pellen. In einer Pfanne 1 EL Öl erhitzen und das Wurstbrät darin anbraten. In die Suppe geben, mit Salz, Pfeffer und Essig abschmecken.

4 Die Salbeiblätter im restlichen Öl knusprig frittieren und zur Suppe servieren.

... MIT WIRSING & SPECK

1 Die Linsen wie oben beschrieben einweichen. Die Zwiebel und den Knoblauch schälen und fein würfeln. Die Wirsingblätter waschen, den harten Strunk herausschneiden. Die Blätter halbieren, in Streifen schneiden. Das Öl in einem Topf erhitzen, Zwiebel und Knoblauch darin andünsten. Den Wirsing kurz mitdünsten. Die Linsen abgießen und dazugeben. Die Brühe angießen, zugedeckt 30 bis 40 Minuten köcheln lassen.

2 Den Speck würfeln und in einer Pfanne ohne Fett anbraten. In die Suppe geben, mit Salz und Pfeffer abschmecken und mit der sauren Sahne servieren.

GRÜNKOHLSUPPE AUF ZWEIERLEI ART

Zutaten für je 4 Personen

... mit Graupen & Kasseler

400 g Grünkohl · Salz
2 Zwiebeln
2 EL Öl
Pfeffer aus der Mühle
150 g Graupen
400 g geräuchertes Kasseler

... mit Kartoffeln & Chorizo

500 g Grünkohl · Salz
2 Zwiebeln
2 EL Öl
3 Zweige Oregano
3 Zweige Thymian
frisch geriebene Muskatnuss
Salz · 300 g vorwiegend festkochende Kartoffeln
100 g Chorizo (scharfe span.
Paprikawurst; am Stück)

... MIT GRAUPEN & KASSELER

1 Die Grünkohlblätter von den Stielen streifen und gründlich waschen. In einem Topf Salzwasser aufkochen und die Blätter darin 3 Minuten vorgaren. In ein Sieb abgießen, kalt abschrecken und abtropfen lassen. Den Grünkohl in Streifen schneiden.

2 Die Zwiebeln schälen und fein würfeln. Das Öl in einem großen Topf erhitzen und die Zwiebeln darin andünsten. Den Grünkohl kurz mitdünsten. Dann 1,7 l Wasser angießen, mit Salz und Pfeffer würzen und bei mittlerer Hitze zugedeckt 1 Stunde köcheln lassen.

3 Die Graupen auf einem Sieb abbrausen und abtropfen lassen. Das Kasseler in feine Streifen schneiden. Graupen und Kasseler nach 30 Minuten Garzeit zum Grünkohl geben. Die Suppe vor dem Servieren abschmecken.

... MIT KARTOFFELN & CHORIZO

1 Den Grünkohl wie oben in Schritt 1 beschrieben vorbereiten. Die Zwiebeln schälen und fein würfeln.

2 Das Öl in einem großen Topf erhitzen und die Zwiebeln darin andünsten. Den Grünkohl dazugeben und kurz mitschmoren. Dann 1,7 l Wasser angießen. Den Oregano und den Thymian waschen und trocken schütteln. Die Blätter abzupfen und zum Grünkohl geben. Mit 1 Prise Muskatnuss und Salz würzen und zugedeckt bei mittlerer Hitze 1 Stunde köcheln lassen.

3 Inzwischen die Kartoffeln schälen, waschen und in Würfel schneiden. Die Chorizo in Scheiben schneiden. Beides nach 30 Minuten Garzeit zum Grünkohl geben. Die Suppe abschmecken, auf vier Teller verteilen und servieren.

SCHWARZWURZELSUPPE OSSOBUCO & MIT TOPINAMBUR

Zutaten für je 4 Personen

... Ossobuco

1 Rinderbeinscheibe
(Ossobuco)
2 Zwiebeln
3 EL Olivenöl
2 EL Tomatenmark
2 Lorbeerblätter
200 ml Weißwein
Salz · Pfeffer aus der Mühle
300 g Schwarzwurzeln
3 EL Essig
1 Möhre · 100 g Kartoffeln
1 Stange Lauch
2 EL Olivenöl
½ Bund Petersilie
1 Stück Meerrettichwurzel
(2 cm)

... mit Topi-nambur

300 g Schwarzwurzeln
3 EL Essig
200 g Topinambur
100 g Petersilienwurzeln
1 EL Butter
100 ml Weißwein
1 l Gemüsebrühe
150 g Sahne
Salz · Pfeffer aus der Mühle

... OSSOBUCO

1 Das Fleisch waschen, trocken tupfen. Die Zwiebeln schälen, vierteln. Olivenöl in einem Topf erhitzen und das Fleisch darin anbraten. Herausnehmen, im Bratsatz die Zwiebeln andünsten. Das Tomatenmark unterrühren. Das Fleisch hinzufügen, 1½ l Wasser, Lorbeerblätter und Wein dazugeben. Salzen, pfeffern und bei mittlerer Hitze 1½ Stunden köcheln lassen. Das Fleisch herausnehmen, vom Knochen lösen und zerkleinern. Den Fond durch ein feines Sieb gießen und beiseitestellen.

2 Die Schwarzwurzeln waschen, schälen, erneut waschen und sofort in 1 l kaltes Essigwasser legen. Die Möhre putzen, schälen und in Scheiben schneiden. Die Kartoffeln schälen, waschen und in 1½ cm große Würfel schneiden. Den Lauch putzen, waschen und in Ringe schneiden. Schwarzwurzeln in ein Sieb abgießen und in etwa 2 cm lange Stücke schneiden.

3 Das Gemüse in einem Topf mit 2 EL Olivenöl andünsten. Den Rinderfond angießen und etwa 10 Minuten bei mittlerer Hitze köcheln lassen. Mit Salz und Pfeffer würzen.

4 Die Petersilie waschen, trocken tupfen, die Blätter hacken. Den Meerrettich schälen und reiben. Das Fleisch in der Suppe erwärmen, mit Petersilie und Meerrettich servieren.

... MIT TOPINAMBUR

1 Die Schwarzwurzeln wie oben beschrieben vorbereiten. Den Topinambur schälen, waschen, zu den Schwarzwurzeln geben. Die Petersilienwurzeln schälen, waschen, in Scheiben schneiden.

2 Schwarzwurzeln und Topinambur klein schneiden. Die Butter in einem Topf erhitzen und das Gemüse darin andünsten. Den Wein angießen und etwa 10 Minuten einkochen lassen. Die Brühe aufgießen, weitere 10 Minuten köcheln lassen. Die Sahne unterrühren, die Suppe mit dem Stabmixer pürieren und mit Salz und Pfeffer abschmecken.

CREMIGE HAFERWURZELSUPPE MIT FELDSALATSCHAUM

1 Für die Suppe die Haferwurzeln unter fließendem Wasser mit der Gemüsebürste gründlich putzen oder mit Einweghandschuhen schälen und klein schneiden.

2 Die Butter in einem Topf erhitzen und die Haferwurzeln darin andünsten. Die Brühe angießen und die Haferwurzeln bei mittlerer Hitze etwa 15 Minuten köcheln lassen.

3 Die Sahne unter die Suppe rühren und alles mit dem Stabmixer fein pürieren. Mit Salz, Pfeffer und Muskatnuss abschmecken.

4 Für den Feldsalatschaum den Feldsalat verlesen, waschen und trocken schleudern. Mit der Milch, der Sahne, Salz und Pfeffer in eine hohe Rührschüssel geben und mit dem Stabmixer schaumig pürieren.

5 Die Suppe auf vier Teller oder Schälchen verteilen und mit dem Feldsalatschaum garnieren.

 **Zutaten für 4 Personen**

Für die Suppe:
500 g Haferwurzeln
(oder Schwarzwurzeln)
1 EL Butter
1 l Gemüsebrühe
200 g Sahne
Salz · Pfeffer aus der Mühle
frisch geriebene Muskatnuss

Für den Feldsalatschaum:
1 Handvoll Feldsalat
50 ml Milch
50 g Sahne
Salz · Pfeffer aus der Mühle

Mein Beilagen-Tipp

Diese feine Suppe passt sehr gut als Vorspeise in einem Menü, in diesem Fall reicht die Hälfte der angegebenen Zutatenmenge.

SÜSSKARTOFFELSUPPE MIT LAMM & OKRASCHOTEN

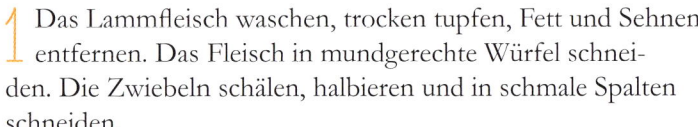

Zutaten für 4 Personen

350 g Lammfleisch
(aus Keule oder Schulter)
2 weiße Zwiebeln
2 EL Öl
1 Zimtstange
Samen von 3 Kardamom-
kapseln
3 Gewürznelken
1 TL schwarze Pfefferkörner
1 TL Korianderkörner
1 TL Kreuzkümmelsamen
400 g Süßkartoffeln
100 g Okraschoten
1 Knoblauchzehe
2 EL Olivenöl
Saft von ½ Zitrone
Salz · Pfeffer aus der Mühle

1 Das Lammfleisch waschen, trocken tupfen, Fett und Sehnen entfernen. Das Fleisch in mundgerechte Würfel schneiden. Die Zwiebeln schälen, halbieren und in schmale Spalten schneiden.

2 Das Öl in einem großen Topf erhitzen und die Zwiebeln darin andünsten. Das Fleisch und die Gewürze in einem Einwegteebeutel dazugeben und die Fleischstücke bei mittlerer Hitze etwa 5 Minuten rundum braun anbraten. Dann 1½ l Wasser angießen und das Lammfleisch zugedeckt 1 Stunde köcheln lassen.

3 Inzwischen die Süßkartoffeln schälen, waschen und in mundgerechte Stücke schneiden. Die Okraschoten waschen und die Enden abschneiden. Den Knoblauch schälen und in feine Scheiben schneiden.

4 Die Süßkartoffeln 10 Minuten vor Ende der Garzeit in die Suppe geben. Das Olivenöl in einer Pfanne erhitzen und die Okraschoten darin 10 Minuten rundum anbraten. Nach 5 Minuten den Knoblauch dazugeben.

5 Die Suppe mit Zitronensaft, Salz und Pfeffer abschmecken. Die Suppe und die Okraschoten auf vier Teller oder Schalen verteilen und servieren.

KÄSESUPPE MIT KRÄUTERCROÛTONS

Zutaten für 4 Personen

Für die Suppe:
2 Zwiebeln
1 Knoblauchzehe
1 EL Butter
100 ml Weißwein
400 ml Rinderbrühe
200 ml Milch
200 g Sahne
200 g Emmentaler
Salz • Pfeffer aus der Mühle
frisch geriebene Muskatnuss

Für die Kräutercroûtons:
2 Scheiben Toastbrot
½ Bund Petersilie
3 Zweige Majoran
1 EL Butter
Salz • Pfeffer aus der Mühle

1 Für die Suppe die Zwiebeln und den Knoblauch schälen und grob würfeln. Die Butter in einem Topf erhitzen, die Zwiebeln und den Knoblauch darin andünsten. Den Wein angießen und etwas einkochen lassen. Die Brühe, die Milch und die Sahne dazugeben und die Hitze reduzieren. Den Käse reiben und nach und nach unterrühren, bis er vollständig geschmolzen ist.

2 Die Suppe mit dem Stabmixer pürieren. Mit Salz, Pfeffer und Muskatnuss abschmecken.

3 Für die Kräutercroûtons die Toastscheiben entrinden und das Brot in Würfel schneiden. Die Petersilie und den Majoran waschen und trocken schütteln. Die Blätter abzupfen und fein hacken.

4 Die Butter in einer Pfanne erhitzen, die Brotwürfel mit den Kräutern mischen und in der Butter goldbraun anbraten. Mit Salz und Pfeffer würzen.

5 Die Suppe auf vier Teller oder Schalen verteilen und mit den Croûtons servieren.

Alles Käse

Statt Emmentaler kann man natürlich auch anderen Hartkäse verwenden, wie zum Beispiel Greyerzer oder alten Gouda. Auch Käsereste lassen sich hier gut verwerten. Einfach ein wenig experimentieren, so schmeckt die Suppe stets ein wenig anders.

ROTKOHLSUPPE MIT ZIMT-MARONI

Zutaten für 4 Personen

Für die Suppe:
1 rote Zwiebel
400 g Rotkohl
1 Stück Ingwer (2 cm)
4 EL Butter
200 ml Rotwein
1 TL Korianderkörner
1 TL Wacholderbeeren
2 Gewürznelken
2 Lorbeerblätter
800 ml Gemüsebrühe
Salz · Pfeffer aus der Mühle

Für die Zimt-Maroni:
8 Maronen (vorgegart)
2 EL Butter
1 Msp. Zimtpulver

Außerdem:
50 g Frischkäse
1 EL Balsamicoessig-
creme

1 Für die Suppe die Zwiebel schälen und fein würfeln. Den Rotkohl waschen, vierteln, den Strunk herausschneiden und den Kohl quer in etwa ½ cm breite Streifen schneiden. Den Ingwer schälen und fein würfeln.

2 Die Butter in einem großen Topf erhitzen und die Zwiebel darin andünsten. Den Kohl und den Ingwer kurz mitdünsten, mit dem Wein ablöschen. Die Gewürze in ein Gewürzsäckchen geben und dazugeben. Den Wein bei mittlerer Hitze etwa 15 Minuten offen einkochen lassen. Die Brühe angießen und zugedeckt bei mittlerer Hitze etwa 25 Minuten köcheln lassen. Das Gewürzsäckchen entfernen.

3 Für die Zimt-Maroni die Maronen hacken. Die Butter in einer kleinen Pfanne erhitzen, Zimt unterrühren und die Maronen etwa 4 Minuten in der Zimtbutter glasieren.

4 Die Suppe mit Salz und Pfeffer abschmecken und auf vier Teller oder Schälchen verteilen. Mit Zimt-Maroni, 1 Klecks Frischkäse und Essigcreme servieren.

Farbintensiv

Wenn Sie die Suppe pürieren, kommt ihre kräftige Farbe noch stärker zur Geltung – vor allem für Gäste ein toller Hingucker!

BIRNENGEWÜRZSUPPE MIT GRIESSKLÖSSCHEN

1 Für die Suppe den Saft der Zitrone auspressen und in einem Topf mit 750 ml Wasser mischen. Die Birnen schälen, vierteln und die Kerngehäuse entfernen. Die Birnenviertel in Stücke schneiden.

2 Die Birnen, den Zimt, das Vanillepulver, die Gewürznelken und den Zucker in das Zitronenwasser geben. Kurz aufkochen und die Birnen bei mittlerer Hitze etwa 10 Minuten köcheln lassen.

3 Den Zimt und die Gewürznelken entfernen. Den Quark in die Suppe rühren und alles mit dem Stabmixer pürieren. Die Suppe auskühlen lassen.

4 Für die Grießklößchen die Milch mit 1 Prise Salz in einem Topf aufkochen, den Grieß und den Zucker einrühren. Den Topf vom Herd nehmen und den Grieß unter gelegentlichem Rühren mindestens 20 Minuten quellen lassen. Sobald die Masse etwas abgekühlt ist, das Ei unterrühren.

5 Von der Grießmasse mit zwei Teelöffeln Klößchen abstechen, in einen Topf mit simmerndem Wasser geben und 15 bis 20 Minuten ziehen lassen. Die Suppe auf vier Teller oder Schälchen verteilen, die Grießklößchen dazugeben und sofort servieren.

 **Zutaten für 4 Personen**

Für die Suppe:
½ Zitrone
1 kg Birnen
1 Zimtstange
1 Msp. Vanillepulver
3 Gewürznelken
50 g Zucker
1 EL Speisequark
(40 % Fett i. Tr.)

Für die Grießklößchen:
200 ml Milch
Salz
150 g Hartweizengrieß
2 EL Zucker
1 Ei

ZITRUS-INGWER-SUPPE MIT WACHOLDER-VANILLESAUCE

Zutaten für 4 Personen

Für die Suppe:
6 Bio-Orangen
4 rosa Grapefruits
1 Limette
1 Stück Ingwer (1 cm)
40 g Speisestärke
50 g Puderzucker
2 Kumquats

Für die Vanillesauce:
1 Vanilleschote
8 Wacholderbeeren
250 g Sahne
1 EL Gin
50 g Zucker
3 Eigelb

1 Für die Suppe 5 Orangen, die Grapefruits und die Limette auspressen (ergibt etwa 800 ml Saft). Den Ingwer schälen und fein reiben. In einer Tasse etwas Zitrussaft mit der Speisestärke glatt verrühren. Den restlichen Saft mit dem Ingwer und dem Puderzucker in einem Topf unter Rühren aufkochen. Die angerührte Speisestärke dazugeben und weiterrühren, bis die Suppe bindet. Vom Herd nehmen und abkühlen lassen.

2 Von der restlichen Orange die Schale und die weiße Haut abziehen. Mit einem kleinen spitzen Messer die Filets zwischen den Trennhäuten herauslösen, dabei den Saft auffangen. Die Filets beiseitelegen. Die Kumquats heiß abwaschen, trocken reiben und in dünne Scheiben schneiden.

3 Den aufgefangenen Orangensaft in die Suppe geben und alles mit dem Stabmixer pürieren.

4 Für die Vanillesauce die Vanilleschote der Länge nach aufschlitzen und das Mark mit einem spitzen Messer herauskratzen. Die Wacholderbeeren im Mörser grob zerdrücken. In einem Topf die Sahne mit der Vanilleschote, dem Vanillemark, den Wacholderbeeren und dem Gin aufkochen und bei schwacher Hitze 20 Minuten ziehen lassen.

5 Die Vanillesauce durch ein feines Sieb gießen und auffangen. Den Zucker und die Eigelbe in einer Schüssel verquirlen. Die heiße Vanillesahne nach und nach dazugießen und schnell unterrühren. Alles zurück in den Topf geben und bei geringer Hitze mit dem Schneebesen etwa 5 Minuten weiterrühren, bis die Sauce bindet (nicht kochen lassen!).

6 Die Zitrus-Ingwer-Suppe mit den Orangenfilets, den Kumquatscheiben und der warmen Wacholder-Vanillesauce servieren. Nach Belieben 25 g Zartbitterschokolade darüberreiben.

Symbole

 für vegetarisch

 für vegan